LA DÉMENCE DE CHARLES VI,

TRAGÉDIE EN CINQ ACTES,

PAR M. N. L. LEMERCIER,
DE L'ACADÉMIE FRANÇAISE.

Devant être représentée à Paris, sur le théâtre royal de l'Odéon, le 25 septembre 1820.

DISTRIBUTION DE LA PIÈCE :

CHARLES VI, roi de France.................... M. JOANNY.
CHARLES, DAUPHIN, comte de Ponthieu....... M. DAVID.
ISABELLE DE BAVIÈRE, reine de France......... Mme HERBERT.
JEAN, DUC DE BOURGOGNE, prince du sang, oncle
  du roi.................................... M. AUGUSTE.
TANNEGUY DUCHATEL, gentilhomme du dauphin... M. ÉRIC BERNARD.
WARWIK, ambassadeur de Henri V, roi d'Angleterre. M. THÉNARD.
ODELLE, dame d'honneur de la reine, attachée au ser-
  vice de Charles VI......................... Mlle DUCAS.
COURTISANS.
MAGISTRATS.
GARDES du duc de Bourgogne.
GARDES du dauphin.
GARDES de la reine.

La scène se passe dans un château près de Montereau.

ACTE PREMIER.

Le théâtre représente une salle d'audience; un dais royal y est dressé.

SCÈNE Ire.

BOURGOGNE, WARWIK.

(Les gardes du duc se placent aux portes.)

BOURGOGNE.

Malheur à l'imprudent de qui la confiance
Attend de l'étranger quelque sûre alliance!
Le conseil de l'état, qu'il croit s'associer,
Le punit du droit de s'y faire appuyer,
* Et l'achetant au prix des traités qu'il réclame,
* Ne lui vend qu'une erreur et que le nom d'infâme,
* Qui, donnant à chacun le droit de le haïr,
* L'arrache au seul parti qu'il n'eût pas dû trahir.
Oui, je ressens, Warwik, un regret sincère
D'avoir ouvert la France au roi de l'Angleterre.
Les défenseurs des lis sont mes vrais compagnons ;
Né du sang de leur roi, prince des Bourguignons,

* *Les vers marqués par une étoile sont désignés ou lus pour les acteurs faites par la censure.*

Était-ce à moi d'unir mes faisceaux héroïques
Au menaçant éclat des armes britanniques?
Est-ce mon intérêt que Londres veut servir?
Ou se sert-on de moi pour mieux tout asservir?
Votre illustre Henri n'est pas si magnanime,
Que de marcher sans ruse au projet qui l'anime ;
Ses ambassadeurs même ont vu, sans mon aveu,
Ce dauphin perfide, fils du roi mon neveu.
Le sang dont j'ai rougi tous les bords de la Seine
Pour cet enfant de Charle attisa assez ma haine ;
Et mes nobles vassaux ont proscrit dès long-temps
L'ami des Armagnacs, le parti d'Orléans.

WARWIK.

Il est à vos soupçons facile de répondre,
Seigneur ; et vos traités avec la cour de Londre
Sont d'augustes garants qu'en parlant au dauphin,
Henri des murs publics ne cherche que la fin.
Mon maître, sur vos bords signalant son courage,
Des vaillants Edouards a couronné l'ouvrage :

Les palmes d'Azincourt le distinguent ici
A l'égal des héros de Poitiers, de Crécy ;
La France à ses lauriers déjà presque en usurier,
Et la Seine a reçu des lois de la Tamise.
Il lui servirait peu, pour combattre aujourd'hui,
Qu'un fils de Charle encor lui prêtât son appui ;
Et s'il daigne lui tendre une main favorable,
C'est pour moi du sort un vainqueur honorable.

BOURGOGNE.

Eh ! seigneur, des partis les pièges dangereux
Se couvrent toujours de motifs généreux.
Qui n'a pas prétexté l'honneur, la paix publique,
Et tous ces beaux dehors caché sa politique,
Pour atteindre au succès d'ambitieux travaux,
Changer vingt lois de brigue, et frapper ses rivaux ?
Warwik, épargnons-nous un inutile artifice ;
Mon esprit dans cet art n'est pas sans novice
Pour souffrir qu'une voix dont je fus le suivant,
Avec mes ennemis demande un entretien.
Sans vouloir m'éblouir d'une fausse apparence,
Du dauphin ou de moi choisissez l'alliance ;
Et vous reconnaîtrez qui du prince ou de moi
Fait pencher la balance au gré de votre roi.
Des efforts d'Albion vanteriez-vous la gloire
S'il n'était plus d'arrêter le cours de sa victoire ;
Si les vengeurs des lois, par ma voix, commandés,
Subitost toujours vainqueurs lorsqu'ils sont bien guidés,
N'avaient eu pour monarque un mortel en démence ;
Et si, de leur valeur trompant la véhémence,
L'ignorance et l'erreur d'un chef mal aguerri
N'eussent trahi la France et secondé Henri ?
Votre maître acheta, pour livrer ses batailles,
Mon immobilité, funeste à nos murailles ;
Notre seule discorde et nos sanglants procès
Plus que tous vos exploits ont hâté vos succès.
Je n'ai qu'à dire un mot pour que tout se rassemble,
Et que devant Paris Londre elle-même tremble.
Warwik, parlons sans fard : vos lauriers d'Azincour
Ne sont dus qu'au dépit dont m'enflammait la cour ;
Ma vengeance a rendu vos conquêtes possibles
Et les Français mais sont toujours invincibles.
Engagez donc un roi qui veut régner sur eux
A ménager l'appui de son destin heureux.

WARWIK.

De quel appui, seigneur, a besoin sa couronne ?
Henri, trop soupçonné, plus justement soupçonne
L'accord inattendu qu'après un long courroux
Vous offre le dauphin en rival moins jaloux :
Surpris qu'à Montereau ses troupes avancées
De vous fuir maintenant ne soient plus empressées,
Mon roi voudrait savoir si ce prince, en secret,
Pense à vous détacher du commun intérêt,
Quel projet vous désarme, et sur quelle espérance
Un conseil entre vous règle une conférence.

BOURGOGNE.

Ni le prince ni moi ne tendons à nous voir :
La reine à tous les deux nous en fait un devoir.
De quelque haut crédit que se vantent les princes,
Souvent leur trop d'orgueil révolte les provinces,
Et leur ressentiment doit se dissimuler

Quand le peuple au dehors commence à se mêler.
De toutes les horreurs Isabelle est capable ;
Vous le savez : altière, inhumaine, implacable,
Parjure à son hymen, infidèle à l'amour,
Elle emplit de discorde et Paris et la cour,
Pour Louis d'Orléans qu'a puni ma colère,
On connut les horreurs de sa flamme adultère ;
Long-temps après sa mort sa haine avec éclat
En parut sur les miens la juste assassinat.
L'ambition depuis, étouffant sa vengeance,
Me la concilia pour garder la régence ;
Quand ses crimes à Tours la firent reléguer,
Nos différents partis y durent se liguer.
Elle-même aux Anglais gagna mon assistance ;
Là, de ce cœur pervers je jugeai l'inconstance.
Tantôt sa cruauté, troublant ici la paix,
S'applaudit d'être née étrangère aux Français ;
Et tantôt, oubliant sa race et la Bavière,
De sa couronne en France elle est jalouse et fière.
De tous ses sentiments le plus dénaturé,
Son courroux contre un fils n'était point abjuré ;
Et voilà que, formant une trame nouvelle,
Aux murs de Montereau le brigue le rappelle !
Voilà, pour nous unir, que ses puissants efforts
Du royaume agité soulèvent les ressorts !
On fait parler la cour, le conseil et ses maîtres ;
On emprunte la voix du monarque et des prêtres ;
Celle du peuple enfin qui prompt à tout ouïr,
Soutenue par les grands, n'est plus à mépriser.
Qu'eussé-je opposé seul au torrent qui m'entraîne ?
J'attendrai donc le dauphin pour embrasser la reine,
Qui, plus que lui, Warwik, redoutable en ces lieux,
Trahirait notre paix de nœuds mystérieux,
Et qui, du roi séduit asservissant sa rage,
D'un arrêt pour ma honte en obtiendrait l'outrage.

WARWIK.

Seigneur, que vous importe un arrêt prononcé
Par ce malheureux roi, par ce Charle insensé,
Vain jouet de sa cour, de son fils, de sa femme ?

BOURGOGNE.

On sait mettre à profit l'obscurcie de son âme,
Et, dès qu'elle apparaît, user de ses retours ;
Pour sceller les édits qu'on lui ravit toujours :
Même on déclare alors que sa sombre manie
N'est qu'un faux bruit semé par une calomnie.

WARWIK.

J'étais loin de ces lieux quand de tous ses transports
Dans l'Europe ont couru tant de vagues rapports.
De grâce, instruisez-moi...

BOURGOGNE.

De ce roi misérable,
Warwik, il est trop vrai, la démence incurable
Ne permet plus à l'art d'apaiser son tourment.
Je fus cause et témoin de son dérèglement.
Quand son père, fameux par l'esprit le plus sage,
Lui transmit la couronne, encore en son jeune âge,
Orléans, et Bourbon, et Berri, ses tuteurs,
Me disputaient ce rang en fiers compétiteurs ;
Nos querelles dès lors enhardirent l'audace
Des partis tour-à-tour conjurant leur disgrâce.

ACTE I, SCÈNE I.

La cour, où se formait cet héritier des rois,
Asile de la guerre et de l'oubli des lois,
D'homicides brigands dangereux réceptacle,
N'offrait à ses regards qu'un sinistre spectacle.
Son triste avènement au rang de ses aïeux
Fut précédé des cris de mille factieux ;
Tandis que, proclamé du couchant à l'aurore,
Il protégeait les rois de Naple et du Bosphore,
Tandis qu'il s'attirait tous leurs ambassadeurs,
Son peuple et ses parents insultaient ses grandeurs ;
La reine enrichissait des favoris avides
Qui foulaient ses sujets, dissipaient leurs subsides ;
Les fêtes de la cour mettaient l'empire en deuil :
Mélange trop commun de misère et d'orgueil !
Ce n'est pas tout ; vengeurs des droits illégitimes,
Nos ducs, en sa présence, égorgeaient leurs victimes.

WARWIK.

Le prince d'Armorique en sa propre maison,
Montfort, au meurtrier du célèbre Clisson,
Pour affronter le trône, osa donner refuge ;
Sa fierté féodale en réussa le juge.
Quel prince en ces horreurs eût pu se contenir ?

BOURGOGNE.

Las de tant de licence, il conçut le punir :
Ses vassaux le suivaient : sa colère allumée
S'indignait des lenteurs de sa pesante armée :
L'éclat le plus brûlant du soleil de l'été
Fut bouillonner l'ardeur de son front irrité,
Et son fougueux esprit, dont s'animaient les flammes,
Ne rêvait qu'attentats, que pièges et que trames.
Tout-à-coup, au détour d'un ravin enfoncé,
À travers son cortège un homme s'est lancé ;
Hideux, tout revêtu de lambeaux exécrables ;
Et, pour le consterner d'augures formidables,
Ayant saisi les crins de son noble coursier,
« Arrête ! on te trahit ! » vient-il lui crier.
Un dard tombe avec bruit : Charle ému, plein d'alarmes,
Sur sa troupe et ses chefs tourne sa fureur ses armes,
Frappe, immole, et les coups de son glaive sanglant
Trouvèrent son regard de rage étincelant.
On recule ; chacun évitant sa poursuite,
Le respect de son rang force tout à la fuite,
Cependant ses amis, intrépides guerriers,
Enchaînèrent le courroux de ses bras meurtriers :
Charles s'évanouit aux mains de son escorte,
Et pâle, inanimé, leur pitié le rapporte.

WARWIK.

L'infortuné !

BOURGOGNE.

Sorti de plus morne sommeil,
Bientôt il s'étonna de son affreux réveil.
La raison, ce flambeau de la carrière humaine,
Dès lors éteinte en lui, se rallumant à peine ;
Ne sut plus le conduire, et sa sombre vapeur
Produit tantôt sa rage et tantôt sa stupeur.
J'en rougis : ce fut moi qui, dans mes jours d'orage,
Voulant de vos Bretons prévenir le naufrage,
Plaçai sur son chemin ce mortel menaçant
Dont la voix le frappa de son lugubre accent.
L'intérêt, qui me suit, contre au gré des princes,

Cette ombre de monarque erre cher aux provinces,
Et que font respecter de nos partis jaloux
Les restes d'un esprit qui songe au bien de tous.
Mais, Warwik, j'approuvais la reine qui s'avance,
Et qui vient du dauphin presser la conférence ;
Allez vers Épinay rouler à votre roi
Qu'il compte sur mon travail, s'il me garde sa foi.

SCÈNE II.

ISABELLE, BOURGOGNE.

BOURGOGNE.

Il est donc vrai qu'enfin l'imprudente Isabelle
Avec son fils coupable abjure sa querelle,
Et prétend qu'aujourd'hui, malgré tous mes sermens,
J'abjure aussi le vœu de mes ressentimens !
Ne vous souvient-il plus que le dauphin rebelle
Vous fit loin de Paris bannir en criminelle,
Qu'il nous hais l'un et l'autre, et que sans mes secours
Vous languiriez encor dans les plaisirs de Tours ?

ISABELLE.

Ah ! Seigneur ! nos esprits sont épuisés la ruse,
Par ses duplicités lui-même l'on s'abuse,
Et tout perfide cœur, en ses pièges trompé,
Est par un plus perfide enfin enveloppé.
L'art n'a pas de détours qu'un œil perçant n'éclaire ;
Nous déguiser tous deux n'est donc pas nécessaire.
Orléans, abattu par des coups industrieux,
M'aidait à retenir le pouvoir en mes mains :
Vous l'avez immolé ; j'abhorrai votre crime,
Qui m'ôtait dans l'état un soutien légitime,
Tous ceux dont le courroux se ligua dans ma cour,
Ingrats à mes bontés, m'opprimaient à leur tour ;
Vous m'offrîtes la paix, je vous fus indulgente ;
Mais vous me vendîtes cher le titre de régente ;
Et, contre vous, mon fils joint au roi mon époux
M'offre en ce jour l'appui que j'acceptais de vous.
A repousser l'Anglais l'honneur nous intéresse.
L'état demande enfin que la discorde cesse,
Et, si vous nous blessez d'un refus trop altier,
De tous ses ennemis vous croira le premier ;
Désarmons du dauphin l'ambition nouvelle,
Et ne redoutez plus la trop faible Isabelle
À trahir, dans l'effroi du péril qu'elle a fui,
Avec lui contre vous, avec vous contre lui.
C'est trop flotter sans cesse en des partis contraires
Qui nous font accuser des publiques misères,
Et me condamnent même à 'avoir des Anglais
Un sceptre que je veux ne devoir qu'aux Français.

BOURGOGNE.

Eh bien ! madame, eh bien ! si, pour votre couronne,
Des rives de l'Escaut aux rives de la Saône
Il faut dès ce moment armer tous mes sujets,
J'y consens, je vous sers, et j'entre en vos projets ;
Mais délivrez mon cœur de la crainte importune
De trahir un esprit chancelant ma fortune,
Et ne me jugez pas si crédule et si prompt
Que de risquer de vous quelque outrage affront
D'un nœud indissoluble enchaînez-vous mon zèle ;

Oubliez un époux, mais aussi votre entaille,
Que son esprit déchu des trônes a fait déchoir,
Fantôme de lui-même, indigne de vous voir ;
Ce Charles qui n'est plus, mort avant la mort même,
A perdu le nom d'homme avec le diadème ;
Et des autels, s'il faut, les ministres sacrés
Disculperont vos liens par lui déshonorés.
La France alors tirera ma splendeur souveraine
Ajouter à l'éclat de son illustre reine,
Et nos partis ligués, bien mieux que votre lis,
Défendront des Anglais la majesté des lois.

ISABELLE.

Si, pour faire un terme à la guerre intestine,
Si, pour vaincre l'Anglais fier de notre ruine,
Si, pour punir d'un fils les noires trahisons,
Je dois par un hymen confondre nos maisons,
Des vains discours du peuple affrontant l'injustice,
J'y soumets mon corps ; il vous fait ce sacrifice.
Mais de ce grand projet garantissez la fin :
Prévenez, punissez les brigues du dauphin.
Quoi ! le laisserez-vous s'exhaler en murmures,
Lorsque, déshérité de ses grandeurs futures,
Errant avec audace, et libre en nos cités,
Il bravera nos lois par ses témérités ?
L'entendrez-vous encor répandre sur sa mère
Les bruits dont il blessa l'oreille de son père ?
Attendra-t-on qu'un jour, fait de notre péril,
Il m'appartienne encore et me rende à l'exil ?
Non ; plutôt vengez-moi : l'honneur vous le conseille.
Ce jour, à Montereau prêtez-lui donc l'oreille,
Et du présomptueux accueillant l'entretien,
Armez votre parti pour captiver le sien : (s'alarme.)
N'attaquez point ses jours... mais qu'il aille en vos
A l'ombre d'un château, pleurer ses fureurs vaines.
Il nous brava tous deux : pour un sang criminel
J'ignore les erreurs du penchant maternel,
Et ma lâche pitié n'immole point l'injure
A ces illusions que produit la nature.
Moins mère ici que reine envers un factieux,
La seule politique est présente à mes yeux.
Vous savez que Henri, notre espoir salutaire,
M'offre aussi bien qu'à vous l'asile de l'Angleterre,
Mais ce vainqueur prudent a lieu de pressentir
Que de son joug, plus tard, nous tendrons à sortir ;
Que si nous écoutons ses frauduleux messages,
C'est pour mieux l'un et l'autre écarter les orages,
Et, dans le trouble affreux de l'état tourmenté,
Ressaisir le pouvoir qu'il aura cimenté :
Il prévoit qu'en ces murs où la guerre nous plonge
Nous mentons aux traités offerts par le mensonge ;
Ainsi, reconnaissons à nos aveux secrets
Que tout doit resserrer nos communs intérêts ;
Et préférons, seigneur, ce fondement solide,
Aux droits du faible Charle et d'un enfant perfide.

SCÈNE III.

Les Mêmes ; TANNEGUY DUCHATEL.

DUCHATEL.

J'accours ici, madame, annoncer le dauphin.

ISABELLE.

Je l'attends.

DUCHATEL, à Bourgogne.

Vous, seigneur, consentez-vous enfin
Qu'au pont de Montereau nous dressions une tente
Pour conclure la paix, objet de son attente ?

BOURGOGNE, à Tanneguy.

Oui, Duchatel : mon cœur est tout prêt d'écouter
Les projets d'un accord qu'il me veut présenter.
Mon souhait fut toujours que cette conférence
Servît utilement au bonheur de la France.

ISABELLE, à Duchatel.

Allez.

SCÈNE IV.

BOURGOGNE, ISABELLE.

BOURGOGNE.

Nos grands destins seront donc réunis,
Tous nos désirs comblés et nos rivaux punis.
Je vous laisse.

(Il se retire avec sa garde.)

SCÈNE V.

ISABELLE, LE DAUPHIN.

(Les gardes du prince demeurent au fond de la salle.)

LE DAUPHIN.

Ah ! madame, est-ce à votre prière
Que de Bourgogne enfin cède la haine altière !
S'est-il lassé de voir nos peuples et les grands
Déchirés tour à tour, victimes ou tyrans,
Dans le sang de partis où leur fureur se noie,
En lions rugissants courir tous à la proie ?
S'est-il lassé de voir que ce Henri guerrier,
Anglais ; si de nos lis préservé l'héritier,
Envahisse nos bords, et le noble apanage
Reconquis par la gloire au prix d'un long carnage ?
N'avons-nous plus l'espoir que de mon sage aïeul
Le pacifique esprit, soulevant son linceul,
Reviendra diriger les foudres toujours prêtes
Dont le grand Duguesclin a lancé les tempêtes ?
Ces champs dont, avant eux, Philippe-Auguste encor
Dépouilla les Anglais, victorieux par l'or,
Laisseront-ils vomir aux mers de la Neustrie
Ces essaims d'ennemis, fléaux de ma patrie ?
Non, non, que votre sceptre, et Bourgogne avec nous,
Concoure à les chasser, ils disparaîtront tous :
Et la France, opprimée en toutes ses provinces,
La France heureuse et libre aura de justes princes.
C'est mon vœu, c'est mon but, me sentant pour l'état
L'âme d'un noble chef et le cœur d'un soldat.

ISABELLE.

J'aime que d'un tel feu votre jeunesse émue ;
S'irrite des affronts qui consternent ma vue :
Mais votre véhémence, aveugle en ses transports,
Vous cache d'un pervers les perfides ressorts.
Fiez-vous à mon calme, à mon expérience.

ACTE I, SCÈNE V.

Tout frémit, et pour régner la première science ;
Et Bourgogne, en cet art plus habile aujourd'hui,
Pour un moment d'espoir vous garde un long ennui.
Je vous ai pardonné, mon fils : j'ai voulu croire
Que lorsqu'on m'arracha mes trésors et ma gloire,
On agit sans votre ordre, et qu'un si noble cœur
N'eût pu contre une mère exercer de rigueur.
Ce qui de votre bouche éclata d'imprudence
Partit des conseillers, dont j'oublierai l'offense :
Oui, je vais le prouver par d'utiles avis
Garants du tendre amour qui m'attache à mon fils :
Qu'à l'avenir, pourtant, votre cœur se souvienne
Qu'en parlant j'ai risqué ma tête pour la sienne.
Bourgogne est implacable ; un prochain entretien
Peut de vous accabler lui fournir le moyen.
Quand vos amis, gagnés par ses fausses caresses,
Auront ouvert les mains à toutes ses largesses,
Sur lui présumez-vous qu'on lise encor le fer,
S'il songe à vous trahir n'ayant pu triompher ?
Sa politique alors, vous ôtant la victoire,
Vous rendra sans combat l'esclave de sa gloire :
Il vendra vos sujets au tyran d'Albion ;
Il l'appelle au secours de son ambition.
Qui sait ? ah ! je frémis d'un si noir stratagème !
Me ravissant, peut-être, à votre père même,
Lui, bourreau d'Orléans, à qui rien n'est sacré,
De mon lit à son trône osant faire un degré,
Il m'offrira la mort ou l'affront d'un divorce...
Ah, mon fils ! à ce monstre opposons notre force,
Et, vengeant tous les coups portés sur vos parents,
Sauvez à Montereau vous, le peuple et les grands.

LE DAUPHIN.

Sous un voile de paix que lui dressant un piége...

ISABELLE.

Qui plaignez-vous, mon fils ? un traître ! un sacrilège !...
Renoncez à répondre en ce trouble cruel ;
Méditez, et vers moi renvoyez Duchatel.

(Le Dauphin sort, interdit.)

SCÈNE VI.

ISABELLE, seule.

Oui, va penser, dauphin, aux dangers de ta tête ;
Et toi, duc, réfléchis au sort que je t'apprête :
Mes malheurs m'ont appris à tous deux vous armer
Contre vos deux orgueils enclins à m'opprimer.
Vos triomphes tendraient à ma prompte misère,
Et je ne suis pour vous ni parente ni mère.
Trop long-temps balancée entre un pouvoir égal
Que s'arrache à son tour l'un et l'autre rival,
Je veux que l'un ou l'autre enfin cesse de vivre,
Et que de son vainqueur l'étranger me délivre.
France ! ne te plains pas que je cède à Henri
Le sceptre de tes rois par tant d'âges fleuri ;
Cet amour qui s'arrête aux bornes d'une terre,
L'image du pays, cette antique chimère,
Du vulgaire grossier se fait idolâtrer ;
Mais mon cœur est plus fier et ne peut l'adorer.
J'ai trop de mon hymen souffert l'ignominie ;
Et de Henri superbe admirant le génie,
Des préjugés rampants je veux briser les fers.
Levons à ses côtés mon front sur l'univers,
N'importe où soit son trône, un sentiment lui crie
Que le suprême empire est sa seule patrie.
Eh bien ! osons le suivre, atteindre à sa hauteur,
Et faire ici valoir son titre usurpateur.
Oui resserrant nos nœuds, la main de Catherine,
Ma fille qu'à son lit mon intérêt destine,
Charmant nos nations d'un hymen solennel,
Garantira ma tête et ce pacte éternel.

ACTE SECOND.

SCÈNE I.

LE DAUPHIN, DUCHATEL.

DUCHATEL.

Noble dauphin, depuis que je vous ai quitté,
Quel sujet de douleur vous a donc attristé ?
Votre âme, qui semblait nourrir à l'espérance
D'un accord nécessaire au salut de la France,
A quel profond chagrin cède-t-elle aujourd'hui ?

LE DAUPHIN.

O mon père ! à jamais ton esprit t'a donc fui !

DUCHATEL.

Nous approchons, seigneur, du terme favorable
Où l'art des guérisons lui devient secourable ;
Consolez-vous.

LE DAUPHIN.

Hélas ! ce terme est encor loin.
Il ne doit son repos qu'à mon fidèle soin.
J'ai voulu que, cessant d'affliger son caprice,
La charitable Odette, et sa tendre nourrice,
De ses pas chancelants guides accoutumés,
Écartassent de lui les surveillants armés.
Par mon ordre du moins, libre en sa solitude,
Il promène à son gré sa vague inquiétude.
Qu'importe, errant à l'ombre, et de tous rebuté,
Qu'exempt de l'appareil de sa captivité,
Il se traîne au hasard près de notre demeure ?
Je l'ai vu ; quel spectacle !... ô honte que je pleure !
Le dernier des mortels est moins souffrant que moi,
Moins malheureux sans doute,... et je suis fils d'un roi !
Tanneguy, son aspect a glacé mon courage.

DUCHATEL.

Lorsque sa vapeur s'éclaircit le nuage,
Toujours votre présence a calmé ses ennuis.

LE DAUPHIN.

Il aime à me revoir, quand il sait qui je suis.

DUCHATEL.

Vous même n'a-t-il pu, seigneur, vous reconnaître ?

LE DAUPHIN.
Dans sa chambre introduit, dès que j'osai paraître,
D'un œil morne et sinistre envisageant mes traits,
Il s'est tû devant moi ; tremblant, je soupirais.
Il offrait, demi-nu, l'aspect de l'indigence ;
De ses cheveux souillés la triste négligence,
Son immobilité, son maintien, sa pâleur,
Étonnèrent mes yeux fixés sur son malheur.
J'étends vers lui les mains, et je l'approche à peine,
Que, le front coloré d'une flamme soudaine,
Maudissant les argus dont il fut entouré,
Il me prend pour l'un d'eux ; moi qui, désespéré,
Et d'un cœur filial partageant sa détresse,
N'y venais qu'épier un retour de tendresse !
« Sors d'ici ; porte ailleurs ton zèle curieux, »
M'a-t-il dit, transporté d'un accès furieux.
J'en ai frémi ; dès lors, en un cruel sourire,
Atroce changement des traits de son délire,
Sur moi son amertume a paru s'exhaler,
Et par sa voix terrible il m'a fait reculer.

DUCHATEL.
Seigneur, est-ce l'instant de vous laisser surprendre
A ces émotions dont il faut vous défendre ?
Attendez de ce mois la fin de ses accès,
Prince, et qu'il se réveille au milieu de la paix.
Ce jour à Montereau vous présente à vous-même
L'oppresseur de l'état, jaloux du diadème ;
Orléans fut mon maître ; il en fut le bourreau :
Souffrez donc que ma main vous serve à Montereau,
Et que ce coup devance, au gré de notre haine,
Ses sinistres desseins dont m'a parlé la reine.
C'est moi qu'elle a chargé de vous prêter mon bras,
Et mes ressentiments ne vous trahiront pas.

LE DAUPHIN.
Tanneguy pense-t-il qu'imitant ce barbare,
Je l'attire en des lieux où sa mort se prépare,
Et que, voilant mes traits d'une fausse amitié,
Mon criminel abord le trompe sans pitié ?
Serait-ce mettre un frein à tant de violences
Que donner par ce meurtre un exemple aux licences ?
A qui se fira-t-on, si de tels attentats
Partent des fils des rois et des chefs des états ?
Ah ! si nous violons toutes lois légitimes,
De quel droit dans nos cours punirons-nous les crimes ?

DUCHATEL.
Soyez donc prêt à voir Bourgogne en ses projets,
Moins scrupuleux que vous, entraîner vos sujets.
Votre insolent rival n'aura pas tant de crainte ;
Sa vengeance, seigneur, méprise moins la feinte.
Ses ministres souvent, au défaut des prisons,
Ont emprunté sans bruit l'arme des trahisons,
En immolant ce chef que le crime renomme,
Pour moi, je ne crois pas verser le sang d'un homme :
Je ne frappe qu'un monstre, horreur du monde entier,
Qui du trône en espoir remplace l'héritier.

LE DAUPHIN.
Captivons ses fureurs ; mais pour notre vengeance
Qu'un juste tribunal prononce sa sentence.

DUCHATEL.
Des coupables si grands sont à l'abri des lois.

LE DAUPHIN.
Les lois sont au-dessus des fils mêmes des rois.

DUCHATEL.
A leur pouvoir qu'un brave il faut prêter un glaive.

LE DAUPHIN.
Faut-il verser le sang quand on jure une trêve ?

DUCHATEL.
Si l'avis de la reine a sur vous du crédit,
Connaissez le complot...

LE DAUPHIN.
Ma mère m'a tout dit.

DUCHATEL.
Souffrez que, malgré vous, mon zèle vous défende.

LE DAUPHIN.
Frémis, Duchatel, ce que je vous commande.
Si, dans le pavillon que vos soins ont dressé,
De perfides apprêts le duc est menacé,
Qu'aussitôt votre bouche aille lui faire entendre
Que, pour ma sûreté, je refuse à m'y rendre :
Si l'on m'y tend un piège, eh bien ! j'y tomberai
En martyr innocent de mon honneur sacré.
Pour le bien de la paix, c'est là le sacrifice,
Qu'aura fait ma vertu pure et sans artifice.

DUCHATEL.
Mais, victimes aussi d'un si grand dévoûment,
Vos défenseurs...

LE DAUPHIN.
Tu sais qu'en un enlèvement,
Du sage Desmarêts, qu'entraîna la tempête,
Mon père avec rigueur a fait tomber la tête ?

DUCHATEL.
Eh bien ?

LE DAUPHIN.
Depuis ce temps, nuit et jour aux regard
Voit dégoutter sur lui le sang de ce vieillard.
Moi, de pareils remords m'épargnant l'épouvante,
Je ne veux point qu'un spectre à mon cœur se pré-
                                                   [sente.
Ces visions d'un père à ses maux condamné,
Seigneur, sont les effets d'un sang désordonné.
En ses raisons d'état Bourgogne est plus tranquille.
Le sang des Armagnacs fume dans notre ville ;
Le vôtre encor pourrait dans ces murs ruisseler,
Sans qu'un rêve effrayant vînt le faire trembler.

LE DAUPHIN.
Oui, je le sais trop bien ; et l'état de mon père
Instruisit ces cruels à fuir toute chimère :
Leurs esprits qu'a frappés l'effet de ses transports,
Sont froids dans leur vengeance et fermés au re-
                                                   [mords.
Sans cesse raffermis en leurs dures maximes,
Avec calme, avec ordre, exécutant les crimes,
Ils ne suivent, témoins des maux de ma maison,
Qu'un intérêt glacé qu'ils appellent raison ;
Tant d'un père égaré la déplorable vue
A consterné leur cœur de son délire ému !
Moi-même, en contemplant son esprit tourmenté,
Des plus nobles penchants j'ai peur d'être agité.
Quand d'infâmes rivaux il faut punir la rage,
J'écoute avec effroi l'avis de mon courage ;

ACTE II, SCÈNE I.

Quand sur nos bords l'Anglais nous brave impuné-
Ma valeur se redouble en son emportement.   [ment,
Si, consultant mon cœur, j'y descends en silence,
Mon repos me paraît stupide indifférence ;
Je cède avec terreur, soit faiblesse ou vertu,
Aux contraires conseils dont je suis combattu.   (alors
Je crains l'amour, la haine ; et, quand leur feu m'a-
Crois me perdre en moi-même ainsi qu'en un abîme,
Et cherche, épouvanté de tous mes sentiments,
Si la raison humaine a de sûrs fondements.
Tel est, tel est le doute où me plonge l'image
D'un père demi-mort, ombre errante et sauvage,
Ombre qui, par son nom, par ses arrêts dictés,
Semble être un instrument de nos fatalités.

DUCHATEL.
La reine vient...

LE DAUPHIN.
Demeure : en mon inquiétude,
Dis-lui que j'ai besoin d'un peu de solitude.

―――――――――――――――

SCÈNE II.
ISABELLE, DUCHATEL.

ISABELLE.
Le prince fuit sa mère... Est-il sourd à nos voix?
Souffre-t-il que le duc usurpe tous ses droits?

DUCHATEL.
Oui, madame, aux dépens de sa propre puissance,
Sa jeune âme chérit sa première innocence :
Il redoute un forfait, je le présumais bien.

ISABELLE.
Un forfait, dites-vous?

DUCHATEL.
Ce langage... est le sien.

ISABELLE.
Le vôtre, quel est-il?

DUCHATEL.
Un serment de répandre
Le sang qu'auront proscrit ceux que je dois défendre.

ISABELLE.
Sans pitié donc, par vous, sans peur sacrifié,
Le duc serait puni?

DUCHATEL.
Sans peur et sans pitié.

ISABELLE.
L'amitié d'Orléans que s'immola ce traître
Vous excite donc bien à venger votre maître?

DUCHATEL.
Si vous me prescrivez de trancher son destin,
Je lui porte la mort, sans l'ordre du dauphin.

ISABELLE.
L'aspect d'un si grand chef pour vous n'a rien d'au-

DUCHATEL.   [guste?
L'aspect d'un grand coupable irrite un homme juste.

ISABELLE.
Mais d'un meurtre public on souffre à se noircir.

DUCHATEL.
Au meurtre à son exemple il a su m'endurcir.

ISABELLE.
Son rang ne pourra donc le soustraire au supplice?

DUCHATEL.
Quand du ministre affreux des coups de la justice,
Prince flatteur du peuple, il a touché la main *,
C'est au rang d'un bourreau que j'ai vu l'inhumain ;
Et j'abhorre ce roi de discorde civile,
Souleveurs sans pudeur les fanges d'une ville.

ISABELLE.
Vous représentez-vous, quand vous l'immolerez,
Quels lieux seront choisis et quels moments sacrés?

DUCHATEL.
N'est-il empoisonné quels murs, sous leurs auspices,
Gardirent les Armagnacs et leurs tristes complices,
Quand aux prisons d'état sa voix fit égorger
Tant d'hommes invoquant la loi pour les juger?

ISABELLE.
Quoi ! rien n'arrêtera ta vengeance certaine?

DUCHATEL.
J'en atteste le vœu que m'exprime une reine,
La mort d'un premier maître, et tous mes soins con-
Pour déguiser ma rage accrue avec le temps.   [stants

ISABELLE.
Fais tes apprêts, punis ce coup de ta vaillance
Aura pour protecteurs Dieu, ton prince et la France.
(Elle sort.)

―――――――――――――――

SCÈNE III.
DUCHATEL, seul.

La superbe ose-t-elle invoquer si souvent
Dieu qu'elle méconnaît, la France qu'elle vend,
Mon prince qu'elle immole à sa ligue perfide,
Et qui désavouerait mon service homicide?
De leur faveur suprême ai-je lieu d'espérer
Le salaire du coup que j'ai su préparer?
Bourgogne périra ; son aspect m'importune.
Je l'immole à ma haine et non à ma fortune.
Quand la loi, vain jouet de triples factions,
N'ouvre ses tribunaux qu'au feu des passions,
Où la chercher? et quand l'impunité l'offense,
La justice en nos mains n'est plus que la vengeance.
Dès mes plus jeunes ans mon bras fut condamné
A venger par le glaive un frère assassiné :
J'allai des champs bretons aux bords de la Tamise
Poursuivre la victime au châtiment promise.
La Vistule et le Tibre ont vu mon bras armé
A ces sanglants exploits assez accoutumé ;
Et je laisserais vivre, en domptant ma colère,
L'ennemi du dauphin et de Charles son père !
Non, j'en atteste... On ouvre : ah ! qu'est-ce que je
O elle qui conduit l'ombre pâle du roi...   [voi?...
Humble compagne au moins restée à sa faiblesse,
Il n'a qu'elle en sa cour que le malheur lui laisse.

* Le duc de Bourgogne ordonna un massacre dans les prisons, et but avec l'exécuteur public dans un cabaret de Paris.

SCÈNE IV.

CHARLES, ODELLE, DUCHATEL.

ODELLE, *levant ses bras au ciel, et s'adressant d'une voix basse à Duchatel.*

Seigneur, de son esprit les maux sont suspendus,
N'approchez point ; craignez que vos pas entendus
Ne troublent de ses sens le repos salutaire.

CHARLES, *à lui-même.*

Le plus infortuné des hommes sur la terre
Est celui qui, traînant son aveugle abandon,
Dans un corps animé survit à sa raison !

DUCHATEL, *à part.*

Qu'entends-je ?... ah ! ne peut-il, ignoré de lui-
Devenir insensible à sa misère extrême ! (même,

CHARLES.

Qui donc vous parle, Odelle ?... ah ! c'est vous Tan-
DUCHATEL. [neguy !
(*À part.*) (*Haut.*)
Il me reconnaît !... Sire...

ODELLE.

Avancez près de lui.

CHARLES. [rage,

C'est vous, je m'en souviens, qui, bouillant de cou-
Quand l'insolent Bourgogne aux horreurs du pillage
Par un rebelle assaut ouvrit livrer Paris,
Dans vos bras généreux emportâtes mon fils.
Eh bien ! vos bras, sauveurs d'une tête si chère,
Bientôt vers ses aïeux emporteront son père.

DUCHATEL.

Ah ! jusques au cercueil je vous suivrai...

CHARLES.

Oui, seul,

DUCHATEL.

Mon sang paîrait vos jours.

CHARLES.

Tu paîras mon linceul*.

DUCHATEL.

Eh quoi ?...

CHARLES.

L'ambition s'agite en ces murailles...
On ne daignera pas suivre mes funérailles.
Ils m'ont privé de tout ; vivant, m'ont délaissé,
Mort, aurai-je leurs pleurs ?

ODELLE, *à Duchatel.*

Son cœur est oppressé.
N'excitez point en lui d'émotion nouvelle.

CHARLES.

Sans cœur et sans trésors je n'ai plus que leur zèle.

ODELLE, *à Duchatel.*

Silence.

DUCHATEL, *à part, en se retirant.*

O de mon roi criminel destructeur,
Bourgogne ! de ses maux tu fus l'horrible auteur ;

---

*Ce fut le neveu de Tanneguy qui paya les obsèques du roi :
il ne fut remboursé de ses frais que dix ans après la mort de
Charles VI.

Et ma compassion pour le sort qui l'accable
(*Il met violemment la main sur son cœur.*)
Grave ici de ta mort l'arrêt irrévocable.
(*Il sort.*)

SCÈNE V.

CHARLES, ODELLE.

CHARLES.

Il est sorti, glacé de mon fatal aspect.

ODELLE.

Loin de vos yeux l'écarte un timide respect.

CHARLES.

Dieu créateur ! qui seul nous fais ce que nous sommes,
Dégrades-tu si bas la majesté des hommes
Pour nous mieux avertir de ne point l'oublier,
Et sous tes châtiments nous mieux humilier ?
Rien n'est donc sûr pour nous sous l'empire céleste ?
A Charles tu pouvais ôter ce qui lui reste,
Comme à tant de mortels lui ravir à jamais
Campagne, enfants, serfs, domaines et palais,
Trésors, trône... Mais non, ta puissance suprême
Entre tous ces honneurs le prive de lui-même ;
De ses sens confondus retirant son esprit,
N'en conserve en sa cour qu'un reste qu'il flétrit,
Et laisse, en prolongeant sa pompe fausse et vaine,
Durer sa vie affreuse en un corps qu'on enchaîne.
Ah ! fragiles humains, vous vous épouvantez
Des prompts renversements de vos prospérités ;
C'est peu de voir tomber vos grandeurs, vos fortunes :
Le courage soutient des pertes si communes ;
Mais, déchus de raison, implorez le tombeau
Avant qu'ainsi vos pas s'égarent sans flambeau.

ODELLE.

Des jours plus purs, pour vous brillant par intervalles,
Répandront en vos sens des clartés plus égales.
N'avez-vous pas déjà reconnu Duchatel ?

CHARLES.

J'ai méconnu mon fils.

ODELLE.

Votre trouble cruel
N'a...

CHARLES.

Faut-il le nier ?... Parle vrai ; je te prie.
Loin d'un mourant du moins bannis la flatterie.

ODELLE.

Sire, de vos douleurs la France attend la fin :
Ne les aigrissez pas.

CHARLES.

La France est au dauphin.
Ne me rappelle plus que je fus sur le trône...
Mes droits sont à mon fils... O mon enfant ! pardonne
Si j'ai mal accueilli tes doux empressements !
Que ne t'ai-je accablé de mes embrassements !
J'ai cessé d'être roi sans cesser d'être père.
Et toi, ma fille ! ô toi, qui ne m'es pas moins chère,
J'espérais qu'un hymen, des discordes vainqueur,
Donnant la paix à tous et la joie à ton cœur,
Ferait bénir un jour ma présence rendue

ACTE II, SCÈNE V.

Au peuple qui gémit sur ma raison perdue...
Mais était-il qu'un spectre aux pâles douleurs
Atteindre les autels ornés pour toi de fleurs,
Et, sous l'heureux éclat des flambeaux d'hyménée,
Montrât aveuglément sa pâleur couronnée ?
Hélas ! j'aurais voulu, lui trouvant un époux,
Faire sur les Français luire des jours plus doux.
Femme aimé que nous des publiques tempêtes,
Leur malheur a besoin de l'ivresse des fêtes.
Le peuple, tu le sais, n'admirant qu'un vain bruit,
Court au faste, au plaisir, dont l'erreur le séduit :
« Mais le meurtre toujours sur nos têtes royales
« Fait peser le fardeau des pompes sépulcrales.
« Ne pouvoir soulever les crêpes du cercueil,
« C'est le sort des Valois opprimés d'un long deuil !
Et la discorde ainsi, se riant de ses crimes,
Condamne et fait haïr ses illustres victimes.

ODELLE.
Pourquoi vers ces objets un si triste retour ?

CHARLES.
Orléans, Armagnac, massacrés tour à tour,
Ont péri les martyrs de la guerre intestine...
Ils m'ont tué moi-même en frappant Valentine.

ODELLE.
La veuve d'Orléans ?...

CHARLES.
Oui, celle qui, dit-on,
De philtres amoureux me versa le poison.

ODELLE.
J'ai su qui fut l'auteur de ce lâche mensonge.
Elle calmait la peine où le destin vous plonge :
Le rival d'Orléans sur sa veuve en courroux
Des préjugés du siècle nia contre elle et vous.
Sa haine a de magie accusé la princesse.

CHARLES.
Va, crois-moi, la beauté, suprême enchanteresse,
Le consolant amour, l'éclat des jeunes ans,
N'ont que trop sur les cœurs de charmes tout-puissants ;
Et, sans philtre et sans art, leur agréable amorce
Pour troubler le plus sage exerce assez de force.
Charles dans Valentine a cherché la douceur
Que l'oubli de la reine enlevait à son cœur...
Ses traits me faisaient croire à la foi conjugale...
Mon tourment s'est accru par sa mort trop fatale...
N'est-elle plus que cendre ?

ODELLE.
Écartez, écartez
Ces dangereux tableaux de vos adversités.
Vos pleurs sont près de vous pleurer votre humble
            CHARLES.   [Odelle.
Je me perdrais sans toi, guide aimable et fidèle !
O femmes ! de vos soins adorables effets !
La vie humaine entière est due à vos bienfaits.
À l'heure du déclin comme dès la naissance,
Votre sexe est l'appui de notre double enfance ;
Et de nos jours sereins prolongeant le flambeau,
Berce encor nos douleurs aux portes du tombeau.
Vos secours, votre sein, et vos bras nous attendent ;
Les consolations de vos lèvres descendent.
Quand tout a fui l'amour, et même l'amitié,

Dieu pour nous dans vos cœurs met encor la pitié.
Anges de charité dans les pleurs assis,
Qu'au lit des rois souffrants vos vertus sont utiles !

ODELLE.
J'entends du bruit... rentrez.

CHARLES.
            Soutiens mes pas.

ODELLE.
                    O cieux !
C'est le duc de Bourgogne !

SCÈNE VI.

Les Mêmes, BOURGOGNE ; Gardes de nuit.

BOURGOGNE.
            Eh quoi ! Charles en ces lieux !

CHARLES.
Ah ! te voilà, proscrit ! tu m'affrontes encore !
Homicide publie ! factieux que j'abhorre !
Depuis que dans Paris tu me vins attaquer,
Ton juste arrêt d'exil, l'ai-je pu révoquer ?
Pensais-tu qu'en ma chute, oubliant ton outrage,
Je démêlerais moins les traits de ton visage ?
De ma cour désolée infâme empoisonneur,
L'instant vient de payer mon cruel déshonneur.
Tu frappas Orléans, ton émule coupable ;
Tu fis mettre en lambeaux Armagnac ton semblable :
La fureur des brigands a s'entredéchirer
Laisse aux vertus du moins le temps de respirer...
Des justices du ciel mon âme est avertie...
Ta rage en une paix ensanglanta l'hostie :
Sur l'autel des serments des méchants tels que toi
Répondront par le glaive à ton manque de foi.
En un roi que tu perdis, moi, déplorable reste,
Je vivrai plus que toi.

BOURGOGNE.
            Cet oracle funeste
L'ai...

CHARLES, avec un ris amer.
Tu mourras bientôt.

BOURGOGNE.
            Si Dieu veut mon trépas,
J'y suis prêt ; et vos vœux...

CHARLES, de même.
                    Oui, bientôt tu mourras.

                    (Il sort.)

SCÈNE VII.

BOURGOGNE, seul ; Gardes, vers la porte.

Il sourit... quel rapport entre son triste augure,
Et l'avis des périls dont un billet m'assure !
La menace qui sort de la bouche du roi
Peut en un si grand jour mériter quelque foi.
Ces êtres, des vivants simulacres horribles,
Paraissent de l'enfer les organes visibles.
Je ne sais ; ou me peut-ou des frissonnements,
De la nature en eux voir les renversements,

Et de leurs sombres esprits les lueurs échappées
Lancent d'affreux éclairs dans nos âmes frappées.
La mienne, jusqu'ici froide aux illusions,
Tressaille, je le crois, à ses prédictions...
Est-ce par un effet des vengeances suprêmes
Que ce fantôme errant vomit les anathèmes?...
Du comte de Ponthieu l'entretien demandé
Déjà par mon conseil s'avait d'être retardé;
D'où naît mon changement? Quelle cause imprévue
M'excite à refuser cette utile entrevue?
Est-ce la seule loi que m'agite un soupçon?
Mon palais fut souvent mon obscure prison;
Et sous un triple mur je cachais mes alarmes
Dans le sein de Paris, qui redoutait mes armes...
On te nomme Sans-peur, et tu trembles!... Eh bien!
Pourquoi de Montereau retarder l'entretien?
Te voilà donc pareil au crédule vulgaire
A qui des vains remords les erreurs font la guerre!...
J'hésite, je balance, et n'ose rien régler...
Dois-je suivre mon art, ou dois-je reculer?
D'un seul regard jadis j'éclairais ma fortune :
D'où me vient aujourd'hui cette crainte importune?
Mes sens ont-ils perdu leur première vigueur?
L'âge en mon cœur déjà porte-t-il sa langueur?
Que fais-je?... Le Français est amant de l'audace :
Qui sait vers lui plaît, qui s'obstine le glaive,
Et tant d'événements ont dû me le prouver,
Que la raison encor me dit de tout braver.
Surmontons, surmontons une indigne faiblesse...
Toi, prompt à soutenir ma ligue vengeresse,
De mes doutes pesants souleverons le fardeau,
Et que le dauphin tombe au pont de Montereau.

SCÈNE VIII.
DU CHATEL, BOURGOGNE.

(Les gardes du duc se rapprochent de lui, au moment où Duchatel paraît.)

DUCHATEL.
Souffrez que du Dauphin l'envoyé vous demande
Que la raison nouvelle exige qu'on suspende
Le moment d'un traité dont tous les cœurs français
Pour confondre Albion attendent le succès.
Mon maître est loin de croire à nulle défiance
Qui vous porte à tromper sa juste impatience;
Mais si pour votre accord nos soins furent mal pris,
Il convient que par vous les ordres soient prescrits,
Tant il veut de la paix consommer l'entreprise.

BOURGOGNE.
Je me rends à ses vœux; je crois à sa franchise.
Comptez sur ma faveur, vous qui l'accompagnez,
Vous qui les talents furent trop dédaignés.
Des vaisseaux très que voici sont l'appui des provinces.

DUCHATEL, avec fermeté.
Mon zèle prouvera que je sers bien mes princes.

BOURGOGNE.
Travaillons tous à la paix.

DUCHATEL.
Comptez sur mon effort.

BOURGOGNE, se retirant avec ses gardes.
Rendons-nous où m'attend votre ministre.

DUCHATEL, à part, en sortant.
Et la mort.

ACTE TROISIÈME.

SCÈNE I.
ISABELLE, seule.

Nos superbes rivaux sont tous deux en présence,
Et, domptant du combat, je tremble en leur absence.
Si leur égal péril plaçait ces ennemis
Les forçait à signer la paix dont je frémis,
Victimes de leur perte et de leur confidence,
Ma mort serait le fruit de ma fausse prudence...
Non, leur dernière lutte est engagée enfin :
Mais qui triomphera, le duc ou le dauphin?
Peut-être, si Bourgogne a mieux pris tes mesures
A mon tour accablée, en butte à ses injures,
Le trépas de mon fils, en me faisant haïr,
L'armera contre moi du droit de me trahir...
Vain souci !... Duchatel fera tomber sa tête :
Homme que nul respect, que nul remords n'arrête,
Farouche cœur, toujours de fiel envenimé,
Instrument de courroux, au meurtre accoutumé,
Né pour offrir son bras à notre ordre sinistre,
Des vengeances des cours c'est un zélé ministre.
Aussitôt le duc mort, le royaume à grands cris
De l'horreur d'un tel coup accusera mon fils !...
Pourquoi tant de retards?... Cruelle incertitude!
Mon sein est dévoré de son inquiétude...
Mais du double complot s'ils étaient avertis,
Si le hasard trompait tous leurs coups amortis...
Vient-on ?... Rien. Quel tourment! Ah! cet heure en
                            [vaut mille...
Pour qui désire et craint le temps semble immobile.
Toi, superbe Henri! toi, héros que je sers,
Dis-moi, lorsque appelé de par-delà tes mers,
Un message suspend ta haute destinée,
Attends-tu sans frémir l'heure déterminée?
Ah! prête-moi ta force utile à ma grandeur.
On vient... M'annonce-t-il? C'est ton ambassadeur.

SCÈNE II.
WARWIK, ISABELLE.

WARWIK.
Au nom d'un conquérant, voici l'instant, madame,
D'avouer vos traités afin qu'on les proclame.

L'un de vos oppresseurs au pont de Montereau
Est tombé mort : Henri poursuivra son bourreau.

ISABELLE.

Achevez : qui des deux est coupable ou victime?

WARWIK.

Je souffre à vous nommer l'aveugle auteur du crime...
Le duc n'est plus.

ISABELLE.

Un bruit ne vous trompe-t-il pas?

WARWIK.

J'ai tout su d'un témoin qui marchait sur leurs pas.
Le dauphin... Sous ce titre appellerai-je encore
Le comte de Ponthieu qu'un forfait déshonore?
Il se rendit en hâte, escorté par les siens,
Au pavillon dressé pour leurs grands entretiens :
Aucun des traits si doux qu'embellit son jeune âge
Ne laissait éclater la haine en son visage :
Sa noire trahison se masquait de candeur
Pour mieux perdre un rival crédule à sa pudeur.
Il siégeait gravement sous sa noble bannière.
Le duc s'avance ; entre eux s'abaisse une barrière :
* Là brillent nos deux croix, vain signe des partis,
* L'écharpe de sa pourpre, et l'écharpe des lis ;
* Double enseigne pareille aux deux couleurs san-
[glantes
* Qu'arboraient follement nos ligues turbulentes ;
* Talismans de discorde en toutes nations
* Que divise à jamais l'orgueil des factions!
Bourgogne s'incline le genou sur la terre ;
Ponthieu dans son accueil garde un maintien sévère ;
Leur fierté qui s'offense aigrit leurs prompts discours.
« Prince, tous deux cessons de séparer nos cours ;
« Dit Bourgogne : oublions nos mutuels outrages.
* Laissons cette barrière à des tigres sauvages.
* Revenez, et qu'au moins votre mère et le roi
« Président aux serments de notre libre foi. »
Le dauphin tarda peu, madame, à lui répondre :
« Vous, pour nous réunir, cessez de tout confondre!
« De mon rang, de l'état distinguez mieux les droits :
« C'est au roi, non à vous, de me dicter des lois! »
Bourgogne alors se lève, et touche son épée :
Un des témoins saisit sa main déjà frappée,
Et l'attire en fureur aux mains de Duchâtel
Dont la hache aussitôt l'abat d'un coup mortel.
Les ruisseaux de son sang qui soudain se répandent,
Lui cachent les amis dont les bras le défendent :
Secours trop vain! il meurt. Tanneguy s'élançant
Emporte hors du lieu votre fils pâlissant.
Lui, pour mieux démentir l'arrêt de sa furie,
Prend Dieu même à témoin contre leur barbarie :
Mais le peuple effrayé, maudissant sur leurs pas
Leur fausse paix, signal d'autres assassinats,
Les confond dans sa haine, et pleure ce carnage
Qui de meurtres nouveaux lui semble un noir pré-
[sage,
Tant il sait qu'écrasé dans les luttes des grands,
Leur mort a pour tout fruit de changer ses tyrans!

ISABELLE.

C'en est donc fait!...

WARWIK.

Madame, en régente suprême,
Hâtez-vous de sauver l'état, le trône même.
Faites, en condamnant le crime du dauphin,
Signer à votre époux cet acte clandestin ;
(Il lui remet en main un papier.)
Et que de votre fille, à Henri mariée,
Vous sorte un successeur par la loi publiée.

ISABELLE.

Instruisez votre maître ; et moi, Warwick, je cours
Évoquer au conseil nos souveraines cours.
(Warwick sort.)

SCÈNE III.

ISABELLE, ODELLE.

ODELLE.

Madame, un bruit sinistre a fait sortir la foule,
Curieuse de voir quel est le sang qui coule ;
Ils ont tous à ma garde, en quittant le palais,
Abandonné le roi, qu'alors je surveillais :
Mais lui, soudain saisi d'un objet qui le frappe,
Se lève plein d'horreur, me menace et m'échappe.
J'ai dit à vos soldats, m'autorisant de vous,
De fermer toute issue aux pas de votre époux.
Sombre, errant, aveuglé, sous ces murs il s'égare ;
J'ai l'ai fui : craignez-en l'emportement barbare.
Hélas! de son esprit s'annonçait le retour :
Mais s'il apprend qu'un crime a troublé ce séjour,
Quelque fureur nouvelle attaquera sa vie.

ISABELLE.

En quel moment, ô Dieu! m'en vois-je poursuivie!...
Lorsque sur mille objets mes yeux sont appelés ;
Lorsque l'état, les grands, devraient être assemblés ;
Lorsqu'il faut que sa main scelle mon entreprise,
Et qu'en un jugement cet acte m'autorise!
N'importe, hors d'ici rien ne peut éclater ;
Il faut cacher son trouble, et même en profiter.

ODELLE.

Je l'entends... Ciel!... il vient, conduit par son per-
[fide.

ISABELLE.

Sors.

ODELLE.

Madame, évitez...

ISABELLE.

Moi, craindre!... sors, te dis-je.

SCÈNE IV.

CHARLES, ISABELLE.

CHARLES, dans le plus grand égarement, et sans voir la reine.
* Depuis quand les sujets, depuis quand les soldats
* Bravent-ils leur monarque, arrêtent-ils ses pas?
* Depuis quand osent-ils, lui fermant la barrière,
* Tenir en son palais sa grandeur prisonnière?...
Mais quoi!... m'en étonné-je au milieu d'une cour,
De tant de scélérats détestable séjour,
* Où règnent l'étranger, les meurtres perfides!...
Où pour mieux m'avilir cent trames sont ourdies?...
Audacieux!... pourquoi me vois-je désarmé?
Mon bras vous punirait... Suis-je assez opprimé!

On me hait... on m'insulte... et seul on m'abandonne.
Un roi n'a point d'amis, c'est le malheur du trône.
Ah! misérable sort!...

ISABELLE, à part.
Il me voit où m'entend...
Quel discours adresser à son esprit flottant?

CHARLES.
Aux heures du sommeil pourquoi me réveillé-je!
La nuit couvre ces murs... qu'elle est sombre!... rêvé-je!
Non, j'agis; non, je marche... ah! j'ignore en quels
 [lieux...
Que mon front est pesant! quel voile est sur mes yeux!

ISABELLE.
Acceptez le secours de ma main comme tierce...

CHARLES.
C'est vous!... en ce moment votre aide m'est propice.
Faut-il me laisser seul en cette obscurité?...
Un malheureux doit-il par ses maux agité?
L'heure à pas bien tardifs lui ramène l'aurore...
Vient-elle?... tout ici reste muet encore.

ISABELLE.
Vous êtes près de moi; rendez-vous au repos.

CHARLES.
Du repos!... on trahit la France et mes drapeaux...
Du repos!... on m'outrage, on rompire mes pactes...
Ah! si de mon palais la porte était ouverte,
Mon courroux... mais je sais qui m'ose retenir.

ISABELLE.
Qui donc?

CHARLES.
Le criminel que ma loi fit bannir,
Que tantôt de son sort j'avertis au passage...
Bourgogne... il m'a traité d'aveugle en mon présage.

ISABELLE.
Quoi! sanglez-vous?

CHARLES.
Lui-même aiguisa les couteaux...
Ces grands bourreaux toujours tombent sous les
Je lis dans l'avenir la justice éternelle, [bourreaux.
Croyez-moi, Valentine.

ISABELLE, à part.
Ah! me permit-il pour elle,
Que la mort autrefois ravit à ses regrets?...
Quel songe horrible!

CHARLES.
Dieu m'instruit de ses décrets:
Je ne le dis qu'à vous, ma chère Valentine,
Vous qui me consolez dans ma triste ruine...

ISABELLE.
Sire, reconnaissez Isabelle, et ses soins...

CHARLES.
Elle!... de ses forfaits j'ai de trop sûrs témoins
Pour ne pas la frapper d'aussi fatals augures...
Penchant dans sa cour commit moins de parjures:
Les grands qu'elle opposait en coupables rivaux,
Unis enfin contre elle, ont aux pieds des chevaux
Sur des ronces traîné sa dépouille abhorrée,
Qu'en lambeaux tout sanglants le peuple a déchirée...
Noir exemple où du ciel éclate la rigueur...

ISABELLE, à part.
La terreur malgré moi s'empare de mon cœur.

Au duc il a tantôt prédit un coup funeste;
Le duc n'est plus: qui sait si le courroux céleste
Ne lui présage pas mon sort plus rigoureux...
L'absence de son âme est un miracle affreux!
Ce fantôme égaré, qui me contemple en face
D'horreur me vient saisir, d'épouvante me g...
Je m'oublie... échappons à ces troubles pressans...
Que sa folle vapeur communique à mes sens.

CHARLES.
Eh bien! puisqu'en ces murs ma garde me captive,
Sachons souffrir.
(Il s'assied.)

ISABELLE, à part.
Sa vue enfin plus attentive
Semble me regarder cette fois sans erreur.

CHARLES, contemplant Isabelle.
Ah! devant cet objet déguisons ma fureur...
Montrons-lui prudemment qu'en un roi digne de l'être,
De toute ma raison je suis encor le maître...
Le supplice des rois, qu'on abuse toujours,
C'est la nécessité de tout feindre en leurs cours.
(A Isabelle.)
Madame, dites-moi quel parti me redoute,
M'enferme en mon palais. C'est Bourgogne sans
 [doute.

ISABELLE.
Non, l'espoir de la paix l'avait seul ramené...

CHARLES.
Il veut la paix!... eh bien?

ISABELLE.
Ils l'ont assassiné.

CHARLES.
Assassiné!... Comment? toujours des homicides!...
Lorsque son repentir... Quels sont les parricides
Ennemis de la paix, qui seule eût effacé
Le sang qui ruisselle, les forfaits du passé?

ISABELLE.
Ce prince, enfin sensible aux maux de ma famille,
Souhaitait couronner Catherine ma fille,
Votre enfant le plus cher, qui de Henri vainqueur
Eût fait tomber l'épée en lui donnant son cœur.

CHARLES.
O ma fille! ô projet charmant pour ma tendresse!
Mon amour paternel sourit à ta jeunesse...
J'aime à voir tes attraits que n'ont jamais noircis
Des soins ambitieux les fatigants soucis.
J'aime cette innocence en tes grâces empreinte:
Auprès de la candeur on respire sans crainte.

ISABELLE.
Obstacles à nos vœux, les plus noirs attentats...

CHARLES.
Quand je songe à ma fille, ah! ne m'en parlez pas,
Cruelle! au moins souffrez qu'une image si chère
Suspende mes ennuis, mon deuil et ma misère!
De mes plus chers projets je n'ai que deux objets,
L'amour de mes enfants et l'espoir de la paix...
Mais pourtant... nous parlions des malheurs de l'em-
 [pire?...
Mon souvenir se perd... qu'avions-nous pas nous dire?

ISABELLE.
Que Bourgogne, en ce jour voulant tout réparer,
Par un assassinat vient ici d'expirer.

ACTE III, SCÈNE IV.

CHARLES.

Grand Dieu !... le meurtrier, quel est-il ? parle, achève
Que j'aille dévouer sa tête au coup du glaive...
Quel que soit l'assassin, loin de le protéger,
Fût-il de notre sang, je le ferai juger :
Un roi né pour le trône y doit ce grand exemple.
Viens...

ISABELLE.

En frémissant ma pitié vous contemple.
Jaloux de votre rang où prend-il l'assassin,
Sire, ce meurtrier, c'est...

CHARLES.

Qui donc ?

ISABELLE.

Le dauphin.

CHARLES.

O monstre ! ô vains effets du noir sang qui l'anime !...
Il a dans votre sein puisé l'amour du crime.
Parents, épouse, fils, redoutez mes transports,
Vous qui ne m'entourez que d'horreurs et de morts.
Toi, toi, par qui surtout la paix me fut ravie,
Mégère ! fuis ma vue, ou tremble pour ta vie.

ISABELLE.

Barbare ! immolez-moi : frappez, aveugle époux !
Frappez !... vous puis-je fuir enfermée avec vous ?
Du dauphin, notre roi, veillent les satellites...

CHARLES.

Le traître !... et je l'aimais ! et ses traits hypocrites
D'une vertu si pure affectaient la douceur !...

ISABELLE.

Invoquons, invoquons le mari de sa sœur,
Ce soutien étranger, ce Henri magnanime :
Ses offres nous seront un recours légitime...
J'ai des traités : il faut les signer en secret ;
Oui, sous le sceau des rois changez-les en décret.

CHARLES, impétueusement.

Allons !...

ISABELLE.

Vous chancelez !...

CHARLES.

Quelle ardeur violente
Accélère mon sang en ma tête brûlante !...
J'ai perdu la clarté... je ne me soutiens plus...
(Il retombe.)
C'est à vous de régir mes vœux irrésolus...
Guidez mes pas... mon âme à vos conseils se livre...
Je le sens, malheureux ! j'ai peu d'instants à vivre...
Rassemblez ma famille, et réglons mieux son sort.
Bourgogne est dans ces murs... qu'on l'appelle.

ISABELLE.

Il est mort.

CHARLES.

Mort !

ISABELLE.

Je vous l'ai dit.

CHARLES.

Lui !

ISABELLE.

D'une main meurtrière

CHARLES.

Eh ! qu'importe le coup qui baissa sa carrière !
La vie est aux humains un pénible fardeau
Qu'ils doivent sans regret déposer au tombeau.
Qu'Orléans soit témoin de mon heure suprême...

ISABELLE.

Dès long-temps il n'est plus.

CHARLES.

Armagnac.

ISABELLE.

Ni lui-même.

CHARLES.

Oui, tous se sont détruits par quelque trahison...
Deux de mes fils encor sont morts de leur poison.

ISABELLE.

Vengez-les, vengez-nous, vengez votre couronne,
En signant pour la paix l'écrit que je vous donne.

CHARLES, avec égarement, et très affaibli.

Pour la paix ?... j'y consens.

ISABELLE.

Preuve, signez soudain.
(Elle attire le roi vers une table et lui remet une plume.)

CHARLES.

Mes sens troublés...

ISABELLE.

Ma main conduira votre main.

CHARLES, mettant sa main dans celle de la reine.

Viens.
(Il s'appuie sur la table, et jette les yeux sur le papier que la reine lui présente.)

ISABELLE.

(À part.)

Hésitez-vous ?... Son visage s'altère...

CHARLES, saisi d'une fureur subite.

Mon héritier banni ! mon sceptre à l'Angleterre !...
C'est là, c'est là l'édit que mon seing doit couvrir !
L'arrêt de notre fils, tu me l'oses offrir,
Mère infâme ! et ma main, à la tienne livrée,
Proscrivait mon enfant et la France éplorée !

ISABELLE, à part.

Dieu terrible !... il m'échappe !

CHARLES.

Ah ! va, porte tes pas
Vers les noirs conseillers de pareils attentats.
Un juge éclairera leurs trames les plus sombres...
Voici que dans l'enfer se confrontent leurs ombres...
C'est moi qui les poursuis... moi, moi, témoin fatal,
J'y descends... j'apparais au dernier tribunal...
Vous voilà, meurtriers ! proscripteurs ! sacrilèges !
Quel but eut votre rage ! où tendaient tous vos pièges ?
Du royaume chacun dévorant les trésors,
Qu'avez-vous enrichi que l'empire des morts ?
A quoi bon vous combattre en d'éternelles luttes ?
Est-il ici des rangs objets de vos disputes ?...
De mon peuple écoutez les lamentables cris...
Les tristes orphelins, les veuves des proscrits,
Vous accusent des pleurs dont la France est baignée.
Quel spectacle offrez-vous à ma vue indignée ?...
Restes qu'on mutile, vil rebut des tombeaux,
Spectres défigurés de corps mis en lambeaux.

Des victimes d'état que vos coups ont atteintes
Jamais vos hurlements n'étoufferont les plaintes...
Et comment à mes yeux t'oses-tu présenter,
Téméraire Isabelle?... est-ce pour m'insulter?
Est-ce dans le dessein d'arracher aux supplices
Des princes sans honneur, tes féroces complices?...
Si j'en crois tes discours, mon esprit est blessé...
Examine mes traits... dis, qu'ai-je d'insensé!
Est-il donc étonnant que mon œil soit farouche,
Voyant un monstre affreux qu'aucun remords ne tou-
[che!
Quel désordre égaré t'effraie en mon regard?...
Jamais sur les mortels lèverai-je le poignard!
Si je pleure en ma cour tout le sang qui l'inonde,
Est-ce un déréglement que ma pitié profonde?
Le délire est aux cœurs qui, dans un froid repos,
Exécutent l'homicide et taisent les complots...
Mais moi, j'ai bien l'horreur de tes lâches maximes,
Bien l'amour des vertus, bien la haine des crimes...

Quelle est ma déraison? parle... pourquoi trembler?...
C'est toi dont la froideur doit faire reculer...
Toi qui souillas mon lit, qui dégradas mon trône.
Toi qui vendrais l'état et jusqu'à ma couronne;
Toi fille de discorde, et qui, par tes forfaits,
Dans l'usage du crime as su trouver la paix!
Va t'asseoir aux enfers, nouvelle Frédégonde:
Là ton arrêt t'attend pour l'exemple du monde.

SCÈNE V.
ISABELLE, seule.

O redoutable accent d'un délire effréné!
Quoi! toujours il m'échappe à sa fougue entraîné!
Suivons ses mouvements... Laissons passer l'orage:
Au mépris des terreurs sauvons-nous du naufrage:
Et tant d'affronts cruels, faisons-les-lui payer
Par le choix de Henri pour son seul héritier.

ACTE QUATRIÈME.

SCÈNE I.
LE DAUPHIN, DUCHATEL.

LE DAUPHIN.

Téméraire vengeur! sied-il de te vanter
Du meurtre dont ta main vient de t'ensanglanter?
Au prix de mon renom défendre ma querelle,
C'est mal servir ton roi, mal te montrer fidèle.
D'un coup si peu prévu, d'un si grand attentat,
Que va penser la cour, et l'armée et l'état?
La cour, pleine d'effroi, te voyant mon ministre,
Ne m'envisagera que d'un regard sinistre,
L'armée, en tous ses chefs m'attristant que l'honneur,
Maudira mes vils coups et mon lâche bonheur;
Et l'état révolté ne pourra reconnaître
En un sombre assassin l'héritier de son maître.
Le trépas d'un cruel n'aura d'autres effets
Que de me signaler son émule en forfaits,
D'annoncer que, par-là commençant ma carrière,
Je vais de traits de sang la rougir tout entière.
Oui, Duchatel, voilà le détestable fruit
De ton acte inhumain dont l'opprobre me suit.

DUCHATEL.

Fallait-il, écoutant votre âme généreuse,
Livrer à son bourreau la France malheureuse,
Attendre que sur vous, notre espoir, notre appui,
Il fît fondre la mort que je tournai sur lui?
Devant un scélérat garder tant d'innocence,
Prince, c'est moins vertu que défaut de prudence.
Dans son piège mortel sans moi vous succombiez;
Sans sa chute, est un mot, vous-même vous tombiez.
J'ai prévenu le traitre et sauvé votre tête :
Je ne m'en repens point, quelque sort qu'on m'apprête.
Sa mort pourra servir d'exemple à ses pareils,
Du meurtre d'autant plus ils goûtent les conseils,

Que des nobles proscrits, qu'ils frappent sans alarmes,
Ils ne redoutent pas l'emploi des mêmes armes.
Cette pleine justice instruira leur raison :
Un traitre à l'avenir craindra la trahison;
Et l'homicide au même, tel que ce duc perfide,
Saura que son audace attire l'homicide.

LE DAUPHIN.

Il ne reste donc plus, en aveugles rivaux,
Qu'à saisir de nos mains la hache des bourreaux!
Et tout homme sans frein aura pour sa défense
Son propre tribunal, juge de son offense.
Me préserve le ciel, si je règne une fois,
De tolérer jamais ce triste oubli des lois!
Qu'as-tu dit? Condamnés par tes erreurs extrêmes,
Un autre meurtrier doit nous frapper nous-mêmes;
Toi, pour venger son Jean Bourgogne exterminé,
Et moi, pour ton forfait dont je suis soupçonné:
Ainsi, de crime en crime engagés par la haine,
Tous suivront des brigands la police inhumaine.
Cependant, que fera l'Anglais notre vainqueur,
Lorsqu'acharnés l'un l'autre à nous percer le cœur,
Nous aurons délivré des plus grands adversaires,
A ses fatals progrès obstacles nécessaires?
Si Bourgogne en sa ligne a daigné se ranger,
Peut-être il ne céda qu'à son premier danger :
Peut-être que, rentrant dans notre intelligence,
Il eût de la patrie embrassé la vengeance.
Nous étions deux alors, l'un par l'autre affermis,
Et je demeure ici seul contre nos ennemis.
Réfléchissez; voyez si c'est à juste titre
Que du destin des grands on s'érige l'arbitre;
Si nul homme a le droit, vengeant quelque attentat,
De ravir par ses coups un chef à tout l'état,
Et d'oser seul, au gré d'intérêts domestiques,
Se charger du fardeau des justices publiques.

ACTE IV, SCÈNE I.

DUCHATEL.
Seigneur, j'ai pris le soin encore à me justifier ;
Mais ce repos public, qu'on ne peut trop payer,
Bourgogne en vous perdant l'ôtait à nos provinces :
Ce monstre a dépouillé la dignité des princes,
Et mon bras, défenseur d'un enfant de mon roi,
S'est mis pour la loi même au-dessus de la loi.

LE DAUPHIN.
Va, ton inimitié l'avait proscrit d'avance.
Tu servais son courroux plus encor que la France.
De rage à son aspect j'ai vu rougir ton front.

DUCHATEL.
Vous-même, son abord vous semblait un affront,
Seigneur, et de vos traits la sévérité sombre...

LE DAUPHIN.
D'Orléans sur ses pas j'ai cru voir marcher l'ombre ;
Une image funèbre, en le couvrant de deuil,
Pour tous les assassins consterne mon accueil.

DUCHATEL, interdit.
Ce maintien rigoureux sera-t-il mon salaire,
À moi qui vous sauvai par un coup nécessaire,
Moi, qu'en ce jour la reine avait même averti
Du sort que vous gardait un rival pervertí,
Moi qui, de votre mère écoutant la tendresse,
Ai levé par son ordre une main vengeresse ?
Oui, la reine...

LE DAUPHIN.
La reine ! eh, la méconnais-tu ?
Elle venge le duc maintenant abattu ;
Elle m'aurait vengé, si j'eusse été victime,
Et de l'un ou de l'autre eût condamné le crime.
Que fait-elle à présent ? elle remplit le palais
Des ministres jaloux vendus au sceptre anglais,
Des amis irrités de mon rival infâme,
Des chefs de tous les corps dont l'intérêt est l'âme,
Et de ces courtisans dont les flots si nombreux,
Ne tendent qu'au parti du dernier chef heureux.
Vers le camp de Henri déjà court son message ;
Et, du nom d'un époux cherchant à faire usage,
Déjà contre son fils prompte à le prévenir,
Des ordres de mon père elle a su se munir.
Juge, juge quel prix je dois à tes services !

DUCHATEL.
Aucun, seigneur : pour vous j'ai risqué les supplices ;
Mais j'aime mieux, puni de mon utile effort,
Mourir en vous sauvant que pleurer votre mort.
Démentez ma fureur dans le sang assouvie,
Elle imprime une tache à votre illustre vie ;
Et le juger Duchatel, implorant à genoux
Le pardon d'un forfait qu'il a commis pour vous.

LE DAUPHIN, avec douceur et gravité.
Relève-toi : n'attends ni châtiment ni grâce
D'un coup porté pour moi, mais dont je hais l'au-
De mon destin bizarre embarras trop cruel !   (dace.
Il ne m'appartient point de juger Duchatel ;
En silence même, à ton salut propice,
Semblerais de ma honte un infaillible indice.
Mais, objet redoutable aux regards attristés,
Abstiens-toi de me voir et d'être à mes côtés.
Respecte en moi le sang dont l'honneur peut m'animer,

Dont l'éclat a besoin de la publique estime,
Peut du moins les soupçons aisément se ternir,
Et transmettrait mon nom souillé dans l'avenir.

DUCHATEL.
Sans murmure, seigneur, je subirai l'absence :
Mais ce jour de péril veut encor ma présence.
Souffrez...

SCÈNE II.
LES MÊMES, ODELLE.

ODELLE.
Seigneur, le roi que vous vouliez revoir,
Éprouve un changement qu'on ne peut concevoir.
Sa nourrice, attentive à seconder mon zèle,
Qui partage les soins de sa garde fidèle,
De Charle, en son oubli, plaignant sa pauvreté,
Réclamait ce qu'on doit à la nécessité :
Dans une coupe d'or il goûtait un breuvage.
« D'un vain luxe, a-t-il dit, reçois ce dernier gage :
« Sa valeur superflue est le prix de tes soins.
« Le faste nous sied-il au milieu des besoins ? »
Ces mots sont le signal de sa raison nouvelle :
Son regard s'éclaircit : il nous voit, nous appelle ;
Se reconnaît lui-même ; et de ses vêtements
Fait céder la souillure, aux nobles ornements.
De son retour certain un doux calme est la marque :
Il souhaite en sa cour reparaître en monarque ;
Il mande Des-Ursins, doyen des magistrats ;
Et, sachant que la reine étrangeait les états,
Que vous-même en ce lieu vous désiriez sa vue,
Veut, pour vous parler seul, précéder sa venue.
Demeurez donc, seigneur ; il entre en peu d'instants.

LE DAUPHIN.
Plein d'un tendre respect, dis-lui que je l'attends.

SCÈNE III.
LE DAUPHIN, DUCHATEL.

LE DAUPHIN.
Ciel ! vois si ma fortune est assez déplorable,
Puisque la fin des maux d'un père misérable,
Le rendant pour ma perte à toute sa raison,
Me prépare un malheur même en sa guérison !
Ainsi donc cet arrêt qui veut qu'on me bannisse,
Ne lui fut point surpris ; il part de sa justice.

DUCHATEL.
Non, non, détrompez-vous : l'arrêt ici rendu
Fut ravi par la force au monarque éperdu ;
Le seing qu'il y traça ne fut pas volontaire ;
Et, pour en diriger le tremblant caractère,
Sa faible main, saisie avec emportement,
Fut des mains de la reine un docile instrument.
Elle usa de son trouble, à ses complots propice,
Non moins cruellement que la pâle avarice
D'un homme qui s'efforce arrache avec effort
L'héritage envié, dépouille de la mort.
À votre mère ainsi Charle était tout en proie.

LE DAUPHIN.
Faut-il à tant d'horreurs, faut-il donc que je croie ?...
J'entends mon père... Sors; veille avec nos amis.

DECOSTEL.
Tout mon sang est à vous.
(Il se retire.)

SCÈNE IV.
CHARLES, LE DAUPHIN.
(Charles est revêtu des habits royaux qu'il vient de reprendre.)

LE DAUPHIN.
          Ses pas sont affermis :
Son maintien, son regard, n'annoncent plus de
(A Charles.)   [trace...
O mon roi !...

CHARLES.
Viens, mon fils ! viens, qu'un père t'embrasse.

LE DAUPHIN.
Que mon cœur est ému des bontés de mon roi !
Les dois-je espérer ?

CHARLES.
              D'où te vient cet effroi
Trop instruit du désordre où souvent je m'égare,
Crains-tu que de mes sens quelque erreur ne s'empare ?

LE DAUPHIN.
Non, le ciel à mon roi rendant sa majesté...

CHARLES.
Eh ! pourquoi sous ce titre, avec timidité,
Toujours glacer l'accueil d'un sentiment sincère ?...
Rougis-tu, mon cher fils, de me nommer ton père ?

LE DAUPHIN, se jetant dans ses bras.
Ah ! plutôt à la mort me livrer mille fois...
(A part.)
Son oubli dure encore à ce que j'entrevois :
Il ne se souvient plus de l'arrêt qui m'exile.
Respectons de son cœur l'ignorance tranquille.

CHARLES, examinant son fils.
Parle-moi sans détour : tu cherches en mes traits
De mes troubles passés les vestiges secrets,
Et tes yeux dans les miens, avec inquiétude,
De l'opprobre où j'étais sont encore une étude :
Mais les miens à cette heure, éclaircis, pénétrants,
Lisent jusques au fond de tes pensers errants.
Rassure-toi : mon âme à soi-même est rendue,
Je revois les clartés de ma raison perdue.
De son naufrage enfin mon esprit est sauvé,
Et ne craint que l'affront de l'avoir éprouvé.
A ton malheureux père épargne ici la honte
De pâlir en tes bras d'un péril qu'il surmonte.
Déjà sont loin de moi ces confus mouvements
Qui font sur les objets flotter mes sentiments :
Je me retrace entiers les devoirs de l'empire,
Je sais qu'on te ravage et connais qui conspire ;
Je me souviens de plus que Bourgogne insolent
T'écartait pour s'asseoir sur mon trône sanglant ;
Qu'il a comblé Paris de morts et de ruines ;
Que ta mère attisait nos flammes intestines ;
Qu'ils m'ont fait révoquer nos jugements sur eux,

Que la France est trahie et l'Anglois trop heureux.
Ma mémoire plus vive est-elle assez instruite ?
Parle, et de nos malheurs dis-moi quelle est la suite.
D'abord, c'est Des-Ursins, magistrat vertueux,
Dont j'attends après toi les conseils fructueux :
Sa sagesse ressemble à ta pure innocence ;
Et j'admire bien plus en nos temps de licence
Un juste inébranlable et de tous combattu,
Que l'honneur du grand nombre en des temps de ver-
Ne balance donc pas à t'expliquer sans feinte : [tu.
Approfondis nos maux : chasse une indigne crainte...
Mon âme est raffermie ; et je puis écouter
Les plus tristes rapports que j'aie à redouter.
De ta candeur, mon fils, prête-moi la lumière,
Toi qui ne peux d'un crime infecter ta carrière.

LE DAUPHIN.
Sire, un juste équilibre est remis dans vos sens ;
Mais vos ressouvenirs ne sont pas tous présents.

CHARLES.
Quoi donc ? qu'ai-je oublié dont ta gloire rougisse ?

LE DAUPHIN.
Mon honneur peut souffrir blessé d'un artifice ;
Mais mon cœur reste pur, malgré le bruit menteur
Qui d'un forfait récent me nomme instigateur.

CHARLES.
Quel forfait ?... ah ! des maux auxquels je fus sensible,
Te savoir criminel serait le plus horrible.
Dis si tu l'es : par-là commence à m'éprouver ;
Vois si tout mon courage a pu se retrouver.

LE DAUPHIN.
Non, la seule imposture ose flétrir ma gloire ;
Mais de vous-même, Sire, un faux bruit s'est fait
J'en vais être victime et contraint d'expier [croire ;
Un meurtre dont j'ai prime à me justifier.

CHARLES.
Dieu ! par quel meurtre encor ma cour ensanglan-
LE DAUPHIN.   [tée...?
Entre Bourgogne et moi la paix fut projetée ;
Le veau de cette paix fut un complot mortel.
Mes amis alarmés, conduits par Duchatel,
Au duc, malgré moi-même, ont arraché la vie.

CHARLES.
Oui, cette affreuse image est par moi revisible...
Et le bandeau fatal retombé sur mes yeux
M'en a voilé l'aspect, qui me fut odieux...
Un souvenir confus m'en retrace l'histoire...
Oui, tantôt... oui, la reine en frappa ma mémoire...
Quel nuage accabla mon esprit éclipsé !
Si ce récit terrible en put être effacé !
Gardez d'un autre écueil ma bonté paternelle.
L'apparence du bien peut nous sembler réelle,
Même conviction souvent au fond des cœurs,
Comme à la vérité nous attache à l'erreur.
Ne m'en imposez donc rien que la vérité pure.
Êtes-vous innocent ?

LE DAUPHIN.
          Dieu m'entend : je le jure.

CHARLES.
C'est assez ; je vous crois. Un prince doit savoir
Que la foi des serments est son premier devoir.

ACTE IV, SCÈNE IV.

Ce duc si criminel, dont tu m'apprends la perte,
Dut avoir aux remords l'âme sans cesse ouverte :
On l'abhorrait : sa fin pourrait-elle affliger
Mes sujets qu'il tenta de vendre à l'étranger ?

LE DAUPHIN.

Cependant on le venge, on ligue tous les princes.
On me veut par votre ordre railler des provinces.

CHARLES.

Qu'ai-je dit ? qu'ai-je fait ? qu'aurais-je résolu ?...
Ou plutôt, vil néant, de moi qu'ont-ils voulu ?

LE DAUPHIN.

Eh ! comment vous cachez l'édit qu'on vient de rendre ?
Au sortir du palais n'allez-vous pas l'entendre,
Cet arrêt publié qui me nomme assassin,
Et qui, signé de vous, bannit votre dauphin ?

CHARLES.

Signé de moi ?... jamais ; et ma main supposée...

LE DAUPHIN.

Non, non, du sceau royal, votre main abusée
Concourra cet édit dont leur complicité
Profite pour me perdre avec impunité.

CHARLES, *du ton de l'affliction le plus vive.*

Noble enfant ! c'est donc moi dont l'aveugle faiblesse
De tes persécuteurs sert la scélératesse !
C'est moi dont la folie, exerçant un pouvoir,
Dans ton cœur vertueux jeta le désespoir !...
Reviens-tu du courroux contre une âme égarée ?
D'un père en ses douleurs l'infortune est sacrée.
De ma fatalité subissant les rigueurs,
Trahi par mes transports, livré par mes langueurs,
Plains-moi ! ne me hais pas ! excuse un triste père,
Demandant ton pardon, démentant sa colère,
Et priant ta vertu, mon fils, de surmonter
Jusqu'aux secrets mépris qu'il a pu mériter.
Hélas ! ainsi qu'à toi m'expliquant à la France,
Que ne puis-je espérer la commune souffrance !
Est-elle mon ouvrage ?... Ah ! quels sont mes forfaits ?
De moi-même souvent sais-je ce que je fais ?
Souvent d'une blessure et profonde et cruelle
Ma propre main perça ma dépouille mortelle.
Souvent j'abandonnai ce corps déshonoré
Au plus grossier habit en lambeaux déchiré.
Quand aux cieux des étés s'allume une tempête,
Il semble que la foudre ait embrasé ma tête ;
Quand vient l'astre des nuits, où le vent des hivers,
Mon esprit comprimé se glace au froid des airs.
Que suis-je pour l'état alors que je m'oublie
Au milieu des horreurs de ma mélancolie ?
De jour croyant voir l'ombre, et de nuit la clarté :
Connaît-on les fureurs dont je suis emporté ?
Tantôt sans voix, tantôt poussant des cris funèbres ;
Mais au moment facile où tombent mes ténèbres,
Qu'on me plaindrait ! victime échappée à la mort,
Je descends au défilé où s'égarait mon sort :
Là, d'horreurs en horreurs, chaque pas me découvre
Le deuil qui m'investit, et ma tombe qui s'ouvre ;
Et mon esprit, partout de malheurs averti,
Veut rentrer au néant dont il se crut sorti.
Qu'on juge ce désastre inconsolable, extrême,
Et qu'on me laisse au moins quitter le diadème !

LE DAUPHIN.

Considérez vos maux avec plus de froideur,
Mon père, et sondez moins toute leur profondeur.
Quel mortel n'a senti son esprit se confondre
À l'aspect d'un fléau sur lui tout prêt à fondre ?
Qui n'irait que trop tôt le moindre coup des cieux
Rompt de nos jugements le fil mystérieux ?
Chacun en doit frémir, et chacun doit vous plaindre.
Votre fils vous chérit : vous ne pouvez le craindre.
Ah ! dès qu'en ma faveur un tendre sentiment
Vous démentit mon crime à mon premier serment,
Mon cœur en a reçu plus de vive allégresse
Qu'il n'a de vos arrêts éprouvé de tristesse ;
Et, dussent m'accabler tous les bruits de la cour,
Vous sembler vertueux suffit à mon amour.

~~~~~~~~~~~~~~~~~~~~~~~~~~~~

SCÈNE V.

LES PRÉCÉDENTS, DUCHATEL, et LES GARDES
DE PRINCE.

DUCHATEL.

Permettez que, rompant vos entretiens ensemble,
La garde du dauphin sur ses pas se rassemble,
Écoutez-moi tous deux ; mais pas un seul retard
(*Au Dauphin.*)
Votre tête s'expose au plus fatal hasard.
La reine et tous les grands, mêlés à son escorte,
Pour vous surprendre ici menacent une porte :
L'autre issue est encore laissée à vos soldats ;
Mettez-vous à leur tête, et ne balancez pas.
Votre bannissement, que presse votre mère,
Déjà sert de motifs aux cris de la colère ;
L'édit qu'au nom du roi proclama le conseil
Devance des combats l'homicide appareil.

CHARLES.

Va, cours, ô mon cher fils ! assure ton passage...
Mes ordres révoqués préviendront le carnage.
Heureux d'avoir au moins recouvré ma raison
Pour détruire un arrêt mortel à ma maison !
(*À Duchatel.*)
Toi, consacre au dauphin ton âme, ton épée ;
Sauve, sauve mon fils, sa puissance usurpée,
Ses droits, sa tête... Adieu, Charles, mon seul espoir !
Ah ! ne me laisse pas mourir sans te revoir !

LE DAUPHIN.

Puisse le ciel payer votre amour paternelle !

DUCHATEL.

Si j'ose à vos adieux mêler ma voix fidèle
Souffrez qu'ici j'atteste, en l'honneur du Dauphin,
Que j'ai seul d'un cruel hâté la juste fin.
La haine en vain impute un tel meurtre à sa gloire ;
Moi seul je l'ai commis, j'en charge ma mémoire :
Mais du sang que mes mains versai pour le sauver,
Sous mon vieil étendard je sais m'en laver.
(*À la garde qui l'entoure.*)
Frères d'armes ! suivons et le prince et son père !
Mort à qui les trahit ! mort à qui veut la guerre !
(*Au Dauphin.*)
Est-ce à moi de rompre, seigneur, dans votre cour ?
Non, non, de ma liberté vos camps sont le séjour.

J'y porterai ce bras que le courage anime
A servir la vertu qu'il vengea par un crime :
Et d'un sinistre exploit, par mille coups plus beaux,
J'effacerai le blâme en guidant vos drapeaux.

(Le roi se retire après avoir embrassé le dauphin qui sort avec son escorte.)

ACTE CINQUIÈME.

SCÈNE I.

ISABELLE, Grands de la cour et du conseil.

(La reine s'assied sous un dais entouré de fauteuils que viennent occuper les personnes de sa suite.)

ISABELLE.

Des intérêts du trône illustres confidents,
Vous, mes plus vrais appuis, seuls conseillers prudents,
Vous qui, désabusés par les maux où nous sommes,
Dégagez votre esprit des préjugés des hommes,
Sachez comment mes soins ont reconquis la paix
Sur le cœur indompté du conquérant anglais.
Il est vainqueur : le sort, contre toute apparence,
Dans les champs d'Azincourt fit chanceler la France :
« Nos princes, dont l'effort la pouvait soutenir,
« Se sont tous divisés quand tous devaient s'unir.
Les peuples de nos champs, les peuples de nos villes,
Épuisant leur courage en discordes stériles,
A la licence, au meurtre enfin accoutumés,
Oppresseurs de leurs chefs qui les ont opprimés,
Ont tourné contre nous leur rage et les alarmes,
Ont refusé leurs bras à l'honneur de nos armes.
Tous les parents du roi périrent tour-à-tour.
Orléans, le premier, égorgé dans ma cour,
Priva le trône en deuil du secours de sa gloire ;
D'Anjou, vers l'Italie égarant la victoire,
Ensevelit au loin sa vie et ses trésors ;
Berri, toujours flottant, rompit tous nos accords ;
Bourbon, seul vertueux, fut l'espoir des provinces ;
Mais vieillard gémissant des fureurs de nos princes,
Il exila sans fruit sa paisible équité :
De Bourgogne puissante la seule autorité
Allait faire fleurir mon sceptre respectable ;
Quand le dauphin pour lui se rendit redoutable :
Et tant d'inimitiés, tant de crimes divers,
Ont plus trahi l'état que nos premiers revers.
Le conquérant, habile à s'allier aux brigues,
Entra dans nos remparts que lui livraient nos ligues ;
Et la Loire et la Seine, enfin, de tous côtés,
Ont vu par les Anglais tous leurs ponts insultés.
Qu'exige du vainqueur l'avide barbarie ?
L'Aquitaine et Poitiers, la Flandre et la Normandie !
Ah ! ne vaut-il pas mieux qu'à son titre incertain,
De ma fille bientôt joignant l'auguste main,
Pour légitime prince on daigne reconnaître
Le fils que de ces nœuds la France verra naître ?
Et nos états alors, loin d'être partagés,
Contre un démembrement fleuriront protégés.
Quelle raison prévaut contre un pacte si sage ?
Un fol orgueil français, un vain droit d'héritage ;
La loi Salique enfin, qui paraît dédaigner
Que le sang d'une femme ici puisse régner ?
Doit-on immoler tout à des maximes vaines ?
De grands rois sont sortis du sein d'illustres reines :
L'heureuse Catherine, au gré de votre choix,
Épouse de Henri vous donnera des rois.
Couronnons l'héritier du chef de l'Angleterre,
Qu'ont su légitimer tous les droits de la guerre,
Tous les droits du génie, et l'éclat des hauts faits.
Titres que ceux du sang n'égalèrent jamais.
J'attends l'ambassadeur chargé de sa réponse :
Mais nous, avant qu'aucun peuple un tel projet s'annonce
Préparons les esprits, instruits à se disposer
Aux nouveaux changements qu'on leur veut imposer.
Le salut de ce trône est mon desir suprême :
On le voit, à regret j'en chasse mon fils même.
(Le roi Charles paraît)
Mon fils qui, de régner est indigne aujourd'hui,
Teint du sang de Bourgogne assassiné par lui.

SCÈNE II.

Les Précédents, CHARLES.

CHARLES.
Qu'ai-je entendu ?...

ISABELLE.
Comment ?... ici ! lui !...

CHARLES.
Votre maître
En ce conseil, je pense, a le droit de paraître.
J'ai feint par mes langueurs d'être à l'ombre enchaîné,
Afin de mieux surprendre un complot soupçonné.
Oui, perdre le dauphin est le but qu'on propose :
Mais Charles, votre roi, vient protéger sa cause.
L'affreux Bourgogne est mort : de ce meurtre récent
Mon fils qui m'a parlé, mon fils est innocent :
Il a pour repousser l'Anglais qu'on lui préfère,
Dieu, ses droits, son épée, et la France et son père.

ISABELLE.
Ce discours imprudent peut offenser Henri,
Henri, notre vainqueur, sage autant qu'aguerri.

CHARLES.
J'estime d'un héros le noble caractère ;
« Mais roi français, je hais un roi de l'Angleterre *.

ISABELLE.
Charles se connaît-il lorsqu'il veut démentir
L'arrêt que de ses mains nous avons vu sortir,
Où chacun du coupable a lu l'ignominie ?...

* A ce vers supprimé pour la scène, seule exigence convenable, substituez celui-ci :
Mais, roi français, je dois combattre l'Angleterre.

ACTE V, SCÈNE II.

Son acte envers l'Anglais prétend-il qu'on le nie ?
Des flots de sang vont-ils, par ce lâche détour,
Se joindre au sang qui fume aux plaines d'Azincour ?

CHARLES.

N'ayant plus rien à perdre à ce point de misère,
Sachons combattre encore en déplorant la guerre ;
Et m'immolant moi-même à l'état plein d'horreur,
Désavouons mon sceau que m'arracha l'erreur.

ISABELLE.

Suspendons nos desseins ; demeurons en silence...
Député de Henri, Warwick déjà s'avance.

SCÈNE III.
LES MÊMES, WARWIK.
(Charles reste debout loin du trône.)

WARWIK, à Isabelle.

Ô vous, qui relevant vos états abattus,
Grande reine, brillez par vos nobles vertus...

CHARLES, à part.

Ses vertus ! ô des grands audacieux langage !

WARWIK, à Isabelle.

Isabelle, accueillez mon fortuné message.
Mon maître, que le ciel voulait favoriser,
De ses brillants succès rougirait d'abuser.
Les desseins limités ont réglé sa fortune :
Il n'a point l'insolence aux Édouards commune ;
Et ne veut point à Londre offrir des rois aux fers,
Qu'une pitié superbe opprime en leurs revers.

CHARLES, à part.

Dans ces feintes douceurs quel surcroît d'arrogance !

WARWIK.

Il pourrait, souverain des peuples de la France,
Du titre d'une aïeule à vos yeux se targuer ;
Mais ses modestes vœux sauront le distinguer.
La modération guide les grandes âmes.
Envieux d'arrêter le carnage et les flammes,
Henri, dont les vaincus aimeront les bienfaits,
Accepte votre fille et consent à la paix.

CHARLES, s'élançant vers le dais où est Isabelle.

La paix !... Je ne t'atteinds au rang dont je m'honore...
Si l'on parle de paix je veux régner encore.

WARWIK.

Mon prince, illustre exemple entre les potentats,
D'un dernier ennemi défendra vos états ;
Et contre le Dauphin, qui s'arme après son crime,
Servira le courroux qui tous deux vous anime.
De vos murs affranchis, s'il ose y menacer,
Ses soldats à jamais viendront le repousser.

CHARLES.

Qu'entends-je ?... Le dauphin, mon fils, mon espé-
Repousser sa terre dont on a l'assurance ! [rance,

WARWIK.

Votre pacte avec nous le traite en meurtrier ;
Mon roi tous doit venger...

CHARLES.

Quoi ! sur mon héritier ?

WARWIK.

Ce nom n'est plus le sien : un enfant de mon maître
Est le seul héritier que vos lis vont connaître.

CHARLES.

Qui vous l'atteste, ô ciel ?

WARWIK.

L'écrit par vous signé.

CHARLES.

Juste Dieu !... pour ma honte ils n'ont rien épargné !
Achevez... Comblez-moi de douleur et de crainte...
Ouvrez-moi, criminels, cet affreux labyrinthe !

ISABELLE, se levant et quittant le dais royal.

Dissimulez, Warwik, ses cris à votre roi...
(À Charles.)
Calmez, terrible époux !...

CHARLES, à Isabelle.

Téméraire ! tais-toi.
Warwik, dans mes écarts, affront que je dévore.
Quel abandon fatal ai-je souffert encore ?
Trop aveugle, c'est peu de proscrire mon sang ;
Mes droits, qu'en ai-je fait ?

WARWIK.

Vous gardez votre rang :
Régent futur, choisi par vous, par Isabelle,
Henri sera son gendre...

CHARLES, amèrement.

Et moi sous leur tutelle !

WARWIK.

Et de l'épouse, unie à mon roi valeureux,
Naîtront vos héritiers, chefs des Français heureux.

CHARLES.

Ma main a pu signer cet acte abominable !

WARWIK.

Le nommez-vous ainsi, quand d'une paix durable
Ce garant salutaire a confirmé l'espoir ?

CHARLES, hors de lui-même.

Je le nomme, Warwik, des larcins le plus noir ;
Je le nomme un outrage à mon trône, à l'empire ;
Je le nomme un forfait, un traité du délire,
Contre qui hautement tout l'état doit crier,
Et que dans l'avenir rien ne peut expier.

ISABELLE.

Ah ! vous verrez pourtant salués par nos villes
Le vainqueur qui met fin à nos guerres civiles.

CHARLES.

Oui, fils de nos aïeux, en héros fortuné,
Le huitième Louis dans Londres couronné,
Vit une foule abjecte exalter son passage.
En chaque nation le vulgaire est volage :
Mais les vrais citoyens, mais les grands magistrats,
D'un triomphe étranger détournent tous leurs pas.
Que Henri par ma mort commence sa conquête,
Et de Charle ennemi qu'il abatte la tête.

ISABELLE.

De votre tête, hélas ! prince trop agité,
Se résignera bien plutôt que la fragilité...

CHARLES. [doute,

Je vous entends, barbare !... il vous convient, sans
Que même en ses retours mon esprit se redoute,
Et que de ma stupeur le silence céderait

Autorise aujourd'hui ce pacte injurieux !
Peut-être il vous plairait que, dans ma véhémence,
Comme aux frivoles jeux créés pour ma démence,
Je jouasse l'état, le peuple, et qu'à jamais
Je livrasse au hasard le sort de mes sujets...*
Non, de mon jugement la lueur trop nouvelle
M'éclaire assez l'horreur que Warwik me révèle.

WARWIK, en se retirant.

Reine, cessons...

ISABELLE.

Quel bruit ! qui nous vient approcher ?
Le Dauphin !...
(Le dauphin paraît avec une escorte.)

SCÈNE IV.

Les Précédents, LE DAUPHIN, et ses Gardes.

LE DAUPHIN.

Oui, lui-même ose en ce lieu marcher ;
Et du seuil du palais la garde trop peu forte
N'en aurait pu fermer l'accès à mon escorte.
Dois-je fuir en banni par des chemins obscurs ?
Non, je dois hautement protester dans ces murs
Contre votre sentence à mon père odieuse,
Contre une paix sinistre à tous injurieuse,
Et vil prix des traités qui vendent à Henri,
Comme un lâche troupeau tout un peuple aguerri.
Je pars ; et d'ici même, avec ma faible armée,
Grossie à chaque pas et d'honneur animée,
Je cours joindre un renfort de vaillants Écossais,
Que l'orgueil d'Albion lie au sort des Français.
Trop fier pour me soumettre à l'humble idolâtrie
Qui fait d'un homme heureux le dieu de ma patrie,
L'intérêt du pays, que j'aspire à venger,
Me parle de plus haut qu'un tyran étranger.
Henri, votre héros, malgré tous ses miracles,
Au terme de ses vœux trouvera des obstacles.
Qu'il ne s'y trompe point : son Angleterre un jour,
Pour un trône lointain condamnant son amour,
Saura lui reprocher sa coûteuse victoire,
Semant hors de son sein tout son or et sa gloire ;
Ses peuples maudiront son vœu de s'agrandir,
Qui les épuisera pour nous asservir.
C'est peu : de ses vertus la France détrompée,
Rebelle à sa famille, et de ses coups frappée,
Cherchera des vengeurs en tous ses concurrents.
Et moi, moi, dernier prince entre mille tyrans,
Secondé par Dunois, Saintrailles et Lahire,
Du vil joug des Anglais j'affranchirai l'empire.
Ô mon père ! embrassez notre espoir glorieux,
Et daignez sortir un fils hors de ces tristes lieux.

CHARLES.

Pars, mon fils, pars sans moi ; mon esprit qui s'accable
D'éclairer tes desseins ne se sent plus capable. [ble,
Le reste de lueur qu'il a paru jeter
S'éteint sous tant de coups qu'on vient de me porter.

* Le jeu de cartes fut inventé en France pour distraire le roi
de ses frénésies : il est devenu le délassement des sages de nos
jours.

Laisse, laisse à l'écart ma honte ensevelie...
Je te serais fatal !... va, c'est fait de ma vie...
Ton père est mort.

LE DAUPHIN.

Eh bien ! sans guide, sans parents,
Suivi du seul honneur, traînons mes camps errants...
Au hasard des combats j'abandonne ma tête.

ISABELLE.

Souffre, jeune égaré, qu'une mère t'arrête...

LE DAUPHIN.

Une mère, madame, aurait un autre cœur.

ISABELLE.

Si le tien à ce nom brave ainsi ma rigueur,
Songe au moins que je puis parler en souveraine...

LE DAUPHIN.

Perdre l'état, madame, est cesser d'être reine.

ISABELLE.

Préfère à mon pardon l'exil et le trépas.

LE DAUPHIN.

Je dois au déshonneur préférer les combats.

ISABELLE.

Pressé de toutes parts, que vas-tu faire ?

LE DAUPHIN.

Vaincre.

ISABELLE.

C'est orgueil de le croire.

LE DAUPHIN.

Et vertu d'en convaincre.

(Aux membres du conseil.)

Complices, frémissez, tremblez à mes adieux !
Vous apprendrez, pervers ! qui, trop silencieux,
Réglez vos trahisons par la prudence extrême,
Que l'amour du pays est la raison suprême.

(Il sort avec ses gardes.)

SCÈNE V.

Les Précédents, excepté LE DAUPHIN.

ISABELLE.

Va, fuis !... romps des états l'unanime concours.
Deux monarques ici vont donc traîner deux cours,
Deux justices, au gré de contraires maximes,
Punissant les vertus, récompensant les crimes,
Nommant loi la révolte, et zèle la fureur,
Par leur double balance inspirer la terreur !
Que de temps verrons-nous, en des luttes sanglantes,
Flotter les droits douteux et les villes tremblantes,
Et les peuples souffrants, victimes des hasards,
Ne savoir où porter leurs vœux et leurs regards !
Hâtons-nous : prévenons une entière ruine.

CHARLES.

Vous seuls avez soufflé cette rage intestine...
Il vous l'a dit, fléaux du royaume et des lois !
Le reste de la France élève aussi sa voix...
A l'honneur qu'on trahit s'il manque des organes,
Grand Duguesclin ! je vois se soulever tes mânes...
Écoutez les clameurs de nos illustres morts...
« Traîtres ! vous disent-ils, perdez-vous sans re-
(mords

« Les fruits de notre sang prodigué dans vos plaines ?
« Nous fallait-il subir tant de chocs, tant de peines,
« Fallait-il tant combattre, et noblement mourir,
« Pour voir de nos neveux la liberté périr ?... »
Ces âmes des soldats, ces ombres en furie,
Elles plaisent sur vous.. j'entends leur sang qui crie...
N'êtes-vous plus Français, et mes pleurs superflus ?...
Ah ! Français... à ce nom vous ne répondrez plus !
Anglais donc !... l'êtes-vous ?... tout est sourd à mon
(côté.
Tout tremble, en m'écoutant, d'être jugé rebelle...
Eh bien ! dépouillez-moi, chargez de fers mes mains ;
De mes titres royaux les ornements sont vains...
J'arrache de mon front ce honteux diadème...
(Il jette sa couronne à ses pieds.)
Promenez dans Paris mon désespoir extrême...
Cette reine entendra ma fureur présager
Qu'horrible aux yeux français, horrible à l'étranger,
Le peuple entier, un jour accusant son ivresse,
De malédictions chargera sa vieillesse.

Le peuple en me voyant saura que les partis
Nous dictent nos arrêts, nos traités démentis,
J'apprendrai par ma chute aux magistrats des villes
Que les sceptres humains sont des appuis fragiles ;
Que les erreurs des rois, dans leurs adversités,
Livrent enfin aux grands jusqu'à leurs volontés ;
Et que des justes lois la force impérissable
Peut seule des états être un fondement stable.
Vous, esclaves muets,... si mes vives douleurs
Aux yeux que vous baissez arrachent quelques pleurs,
Pleurez !... non les tourments d'un prince qui suc-
(combe,
Mais le spectacle affreux d'un empire qui tombe.
(Charles s'inclinant d'un genou, et défaillant dans les bras de
ceux qui l'entourent.)
O grand Dieu ! qui m'entends, Dieu, sauveur de nos
(lis,
Dans le temple de Reims couronne un jour mon fils !
Et puissé-je, du sein de la nuit éternelle,
Voir renaître l'éclat de la France immortelle !

FIN DE LA DÉMENCE DE CHARLES VI.

www.ingramcontent.com/pod-product-compliance
Lightning Source LLC
Chambersburg PA
CBHW071427060426
42450CB00009BA/2059